# mulheres do secreto

# mulheres do secreto

QUARTO,
BÍBLIA, CHÃO,
PORTAS CERRADAS
E ELE

VIVIANE
MARTINELLO

Vida

**Vida**

Editora Vida
Rua Conde de Sarzedas, 246 – Liberdade
CEP 01512-070 – São Paulo, SP
Tel.: 0 xx 11 2618 7000
atendimento@editoravida.com.br
www.editoravida.com.br
@editora_vida /editoravida

Direção: Renan Menezes
Editora-chefe: Sarah Lucchini
Editores: Mara Eduarda V. Garro e Paulo Peres
Assistente editorial: Larissa da Mata
Revisão de provas: Eliane Viza B. Barreto
Coordenadora de design gráfico: Claudia Fatel Lino
Projeto gráfico: Philipe Santos
Diagramação: Carolina do Prado
Capa: Lira Lira

**MULHERES DO SECRETO**


**1. edição:** jun. 2025

**Dados Internacionais de Catalogação na Publicação (CIP)**
**(Câmara Brasileira do Livro, SP, Brasil)**

Martinello, Viviane
Mulheres do secreto / Viviane Martinello. – São Paulo : Editora Vida, 2025.

ISBN 978-65-5584-755-0
e-ISBN 978-65-5584-754-3

1. Deus (Cristianismo) - Adoração e amor 2. Fé 3. Mulheres - Aspectos religiosos - Cristianismo I. Título.

25-273217 CDD-270.082

**Índice para catálogo sistemático:**

1. Mulheres : Aspectos religiosos : Cristianismo 270.082
Eliete Marques da Silva - Bibliotecária - CRB-8/9380

# Agradecimentos

Um livro é como um filho: passa pelo processo de gestação até o parto. Este livro que você segura em suas mãos passou pelo processo de gestação e nascimento. Agradeço às mulheres que, assim como Sifrá e Puá, são parteiras da vida. Mulheres chamadas para trazer à luz sonhos, projetos, livros e propósitos.

Graças a Deus tenho as minhas, que podem me ver no momento de maior dor e não serem espectadoras, mas facilitadoras do que precisa nascer.

Este livro é para vocês.

Muito obrigada!

# Dedicatória

Dedico este livro a todas as mulheres que, assim como cu, são apaixonadas pela presença de Deus. Mulheres que entram nas recâmaras do Rei sem medo e desfrutam do seu amor e presença. Mulheres que fecham a porta atrás de si e abrem o coração para ele.

# Sumário

# Prefácio

Prefaciar uma obra é tanto um privilégio quanto uma responsabilidade. Privilégio porque, entre uma multidão de pessoas mais qualificadas para esse mister, foi-me dada essa honra. Responsabilidade porque a obra é mui preciosa para não ser recomendada à altura. Para mim, certamente, apresentar este precioso livro às leitoras é uma dupla honra. Dupla honra porque desfruto da amizade de Viviane e de seu estimado marido, pastor Telmo, há muitos anos.

A obra em tela é o quarto livro de Viviane. Seu tema é desafiador, e seu conteúdo é assaz oportuno. Recomendo, portanto, este livro por três razões que passo a elencar.

Em primeiro lugar, Viviane é uma mulher que vive o que ensina. É mais fácil falar de intimidade com Deus do que desfrutar dessa intimidade. A autora conhece a Deus e o torna conhecido. Sua vida recomenda sua obra. Seu testemunho é avalista de seus ensinamentos. Viviane não é uma costureira do efêmero, mas uma escultora do eterno. Não trata de amenidades, tampouco do supérfluo, mas daquilo que é essencial para a vida.

Em segundo lugar, Viviane é, hoje, uma das maiores lideranças no contexto evangélico do Brasil. A autora tem promovido encontros de mulheres não apenas em Criciúma, no Estado de Santa Catarina, mas também em outras regiões do Brasil, reunindo milhares de mulheres e ministrando a elas o conteúdo desta obra. Sua vida ilibada, seu testemunho irrepreensível e sua liderança inconteste têm sido um fanal a brilhar na escuridão da geração contemporânea. Seu amor a Jesus, seu compromisso com as Escrituras e seu engajamento com o reino de Deus servem para nós de um eloquente exemplo do que significa desfrutar da intimidade com Deus.

Em terceiro lugar, Viviane aborda o tema não como alguém que está numa torre de marfim, desconectada da realidade, mas como uma adoradora que desfruta do lugar secreto. A autora reparte do que tem recebido do Pai. Ela testemunha aquilo que tem vivido. Sua mente está aspergida pela luz da verdade, e seu coração está aquecido pelo fogo do Espírito.

Minha ardente oração é que esta obra alcance milhares, quiçá milhões, de mulheres famintas de Deus, sedentas de intimidade com o Pai, descobrindo, assim, no lugar secreto, as delícias da comunhão com Deus.

Boa leitura!

**HERNANDES DIAS LOPES**
Pastor da 1ª IPB de Vitória e IPB de Pinheiros;
Apresentador do Verdade e Vida;
Diretor Executivo da LPC;
Conferencista e autor de 190 livros.

# Introdução

“HÁ ALGO DE ESPECIAL RESERVADO PARA VOCÊ NESTAS PÁGINAS.”

Imagine que você está andando pela sua casa em silêncio. De repente, ouve um ruído na porta de entrada e logo decide checar o que poderia ser. Inesperadamente, encontra um envelope com o seu nome e, dentro dele, as seguintes palavras: "Você foi escolhida, chamada para este tempo!". O livro que você agora segura em suas mãos é essa carta. Esse convite é real e não se trata de uma coincidência ou algo genérico. É pessoal. Ele carrega *seu* nome. Mulher, não foi por acaso que você abriu este livro. Há algo de especial reservado para você nestas páginas.

Eu me lembro do dia em que recebi essa carta com o *meu* nome. Naquela época, eu não tinha nada, além de um coração quebrado e uma vida complicada. Deus, porém, enxergou em mim o que nem eu mesma era capaz de ver. Ele iniciou uma obra transformadora em minha vida, e de lá para cá tenho sido moldada por suas mãos.

Nessa jornada com o Senhor, compreendi que ele estava mais preocupado com o meu coração do que com aquilo que eu podia oferecer. Ele me amava e desejava estar comigo – ainda que eu não pudesse lhe dar algo em troca. Aos poucos, o que antes era sinônimo de disciplina e obrigação se tornou um relacionamento profundo com Deus e sua Palavra. E foi assim que tudo começou: minha sala, meu tapete, Bíblia, chão, portas cerradas e ele.

Às vezes, conversávamos muito. Outras, eu escutava mais. Todo dia era diferente, e ainda é assim; o que não muda é uma coisa só: Mateus 6.6. Nessa passagem, Jesus nos deixou um modelo a seguir: "Mas, ao orar, entre no seu quarto e, fechada a porta, ore ao seu Pai, que está em secreto". *Em secreto.*

Existe um tipo de mulher que Deus está procurando nestes dias: aquela que alicerça a sua vida *no secreto*; alguém com as motivações corretas e o coração alinhado com o Céu. Em 1Samuel 16, quando o profeta se deparou com os irmãos de Davi, ficou impressionado com a aparência deles e logo pensou que estava diante do próximo rei de Israel. No entanto, o Senhor rejeitou a todos eles. A aparência não era suficiente para sustentá-los perante Deus, pois o que estava *em secreto* os desaprovava.

O *lugar secreto* é capaz de nos aprovar ou nos desaprovar. Digo isso, pois os olhos do Senhor não estão em nossas façanhas ou naquilo que ostentamos ser diante das pessoas. Ele nos conhece além da aparência. Davi foi rejeitado pelos homens. Ele não tinha o estereótipo, a aparência "ideal". Porém, carregava a essência que o Senhor buscava. Ele havia sido aprovado por Deus *no secreto.*

Assim como fez com Davi, o Senhor tem levantado um exército de mulheres que valoriza o *secreto* e é aprovado onde apenas ele é capaz de testificar. Essas mulheres não estão apenas orando a portas fechadas dia e noite, mas são ativas na vida cotidiana, como esposas, mães, amigas, filhas, profissionais. Elas são aprovadas no íntimo. Elas são *mulheres do secreto:* confiáveis, extremamente discretas, sábias, sintonizadas com o Espírito, famintas pela Palavra de Deus, fervorosas em oração, que sabem controlar sua língua e sempre têm uma palavra amável e pontual para oferecer aos outros. A maioria delas foi muito esmagada por Deus. Experimentaram renúncias, sofrimentos e tribulações que muitos jamais passaram. No entanto, foram situações como essas que as habilitaram a conhecer níveis mais profundos no Senhor.

Há muitos anos, li uma reportagem a respeito de um tsunami que ocorreu em um país asiático. Apesar da catástrofe, o que me chamou atenção foi a história de uma turista que sobreviveu ao fenômeno devastador por conta de um mergulho recreativo. Prestes a desistir da ideia, graças a um atraso de trinta minutos na programação, a moça foi convencida a insistir no passeio e entrou no barco. Vestiu as roupas especiais, ouviu as instruções dos especialistas, colocou o tanque de oxigênio e pulou na água. Após alguns minutos, quando já havia atingido certa profundidade, sentiu uma marola. Ao retornar à superfície, nada estava como antes. Não havia mais barco por perto para levá-los de volta à praia; não existia hotel, pessoas ou qualquer paisagem que ela conhecera antes do tsunami. Tudo havia desaparecido e dado espaço para o caos.

Enquanto lia esse relato chocante, senti o Senhor ministrar em meu coração: o mergulho em águas profundas salvou a vida daquela mulher. Da mesma maneira, os mergulhos profundos *no secreto* têm o poder de salvar a nossa vida. Ainda que tsunamis surjam e destrocem o que está ao redor, se estivermos mergulhadas em Deus, eles não nos destruirão. Estar *no secreto*, portanto, é uma questão de sobrevivência.

Eu não sei em que fase você se encontra hoje. Talvez seja uma mergulhadora experiente ou quem sabe esteja aprendendo a nadar. Para uma ou outra, o convite continua de pé. Este livro é um convite; uma carta com o *seu* nome, jogada embaixo da sua porta. A minha oração é para que você seja conhecida como uma *mulher do secreto* – alguém aprovada no íntimo, que conhece o Senhor de modo profundo e é transformada por ele a cada dia.

Desejo, de todo coração, que Deus use estas páginas para levá-la mais fundo no conhecimento de quem ele é e despertá-la como parte desse exército que ele tem convocado neste tempo. Oro também para que esta obra seja uma ferramenta que lhe inspirará a priorizar o que é eterno em meio às demandas do cotidiano e a buscar a face do Pai antes de procurar por respostas. Não tenho dúvida de que você terminará esse processo reabastecida, mais parecida com Cristo e muito mais próxima do Senhor. Não importa em que estágio você se encontre em seu relacionamento com Deus. Este livro é para você. Afinal, em Deus, sempre existe mais.

“NÃO IMPORTA EM
QUE ESTÁGIO VOCÊ
SE ENCONTRE EM SEU
RELACIONAMENTO
COM DEUS. ESTE
LIVRO É PARA VOCÊ.
AFINAL, EM DEUS,
SEMPRE EXISTE MAIS.”

# CAPÍTULO 1

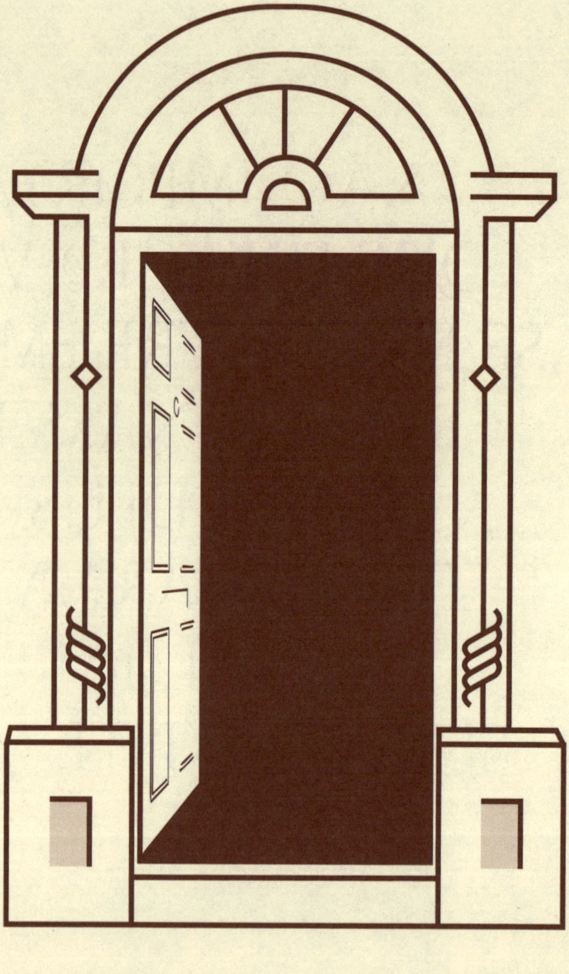

# Quem são elas?

"DEUS É O ÚNICO
CAPAZ DE NOS
ACEITAR, NOS
COMPLETAR E SACIAR
NOSSO CORAÇÃO."

Não se assuste ao perceber que nada no *secreto* diz respeito a elas, mas a ele. A grande verdade é que as *mulheres do secreto* apontam para Cristo. Elas não buscam por exposição, mas por rendição, e a autoridade que carregam flui a partir dessa entrega genuína.

De certa forma, elas são diferentes e intrigantes. São contemporâneas de uma geração em que muitos procuram, o tempo todo, serem vistos, buscam posições de notoriedade, atribuem uma importância fora do normal à exposição e acreditam que tudo precisa ser compartilhado. Mas a pergunta que fica é: quanto daquilo que se mostra é realmente verdadeiro?

Tempos atrás, assisti a um vídeo que ensinava a falsificar uma decoração natalina utilizando uma foto qualquer. Por que ter o cuidado de montar uma árvore de Natal de verdade se você pode fingir? Basta tirar uma foto sua com um fundo branco, recortá-la, selecionar qualquer imagem na internet com uma boa decoração e postar, dando a entender que aquele cenário é a sua casa.

Isso me fez pensar no quanto muitas de nós têm reproduzido esse tipo de comportamento em outras áreas da vida. Não apenas por desejarem a exposição por si mesma, mas por ansiarem ser aprovadas pelas pessoas. E, quando essa busca por aprovação se inicia, algumas fazem de tudo, até negam a própria identidade. O problema é que essa conduta não gera nada além de uma validação superficial e, muitas vezes, falsa.

A lógica do Céu, por outro lado, não funciona assim; e as *mulheres do secreto* entenderam isso. Deus é o único capaz de nos aceitar, nos completar e saciar nosso coração, e ele não se impressiona com popularidade, reputação e aparência. Pelo contrário, o Pai, o Filho e o Espírito Santo, em uma só voz, nos convidam ao *lugar secreto*: longe dos holofotes, dos aplausos e das recompensas humanas. É por essa razão que Jesus disse:

> E, QUANDO ORAREM, NÃO SEJAM COMO OS HIPÓCRITAS, QUE GOSTAM DE ORAR EM PÉ NAS SINAGOGAS E NOS CANTOS DAS PRAÇAS, PARA SEREM VISTOS PELOS OUTROS. EM VERDADE LHES DIGO QUE ELES JÁ RECEBERAM A SUA RECOMPENSA. MAS, AO ORAR, ENTRE NO SEU QUARTO E, FECHADA A PORTA, ORE AO SEU PAI, QUE ESTÁ EM SECRETO. E O SEU PAI, QUE VÊ EM SECRETO, LHE DARÁ A RECOMPENSA.
>
> **Mateus 6.5-6**

Essa passagem deixa claro que não é em público que construímos um relacionamento íntimo com Deus, mas no *secreto*. É por isso que o *secreto* de alguém não pode ser avaliado pela forma poderosa como uma pessoa ministra em um culto, pela maneira como ora pelos outros, nem por colecionar visualizações e curtidas em redes sociais. Ele é revelado por quanto do caráter de Cristo carregamos e exalamos, sem esforço, em nosso cotidiano. Isso quer dizer que o que realizamos diante dos outros deve ser um transbordamento, um resultado natural que compartilhamos a partir daquilo que recebemos a sós com o Senhor, e não fruto de uma espiritualidade fabricada. O próprio Cristo disse que se agíssemos como os hipócritas, que fazem questão de serem vistos enquanto oram, não teríamos outra recompensa além de sermos notadas pelas pessoas – e quão pequeno isso pode ser.

Como Igreja, precisamos agir com temor e precaução para não perdermos o foco diante da exposição. Certa vez, senti o Senhor ministrar em meu coração o seguinte direcionamento: "Não faça para mostrar, mas mostre o que você faz". Suas palavras preciosas levaram-me a perceber que até nossas motivações mais ocultas importam para Deus; ele sonda e conhece cada coração e tem o cuidado de nos conduzir sempre para perto dele.

Nossa vida precisa estar alicerçada em Cristo, como o apóstolo Paulo nos instruiu em suas cartas. Não é à toa que a palavra "fundamento" aparece tantas vezes nas epístolas paulinas. A base sobre a qual construímos é crucial no processo de edificação. Sem dúvida, se estabelecermos nossa história sobre princípios, motivações e valores errados, nosso fim será mau. Contudo, se ela estiver fundamentada nas Escrituras, terminaremos bem. É a nossa relação com Deus que sustentará todas as demais edificações de nossa vida.

Muitas vezes, somos chamadas para pregar, adorar ou, de alguma forma, ocupar uma posição de visibilidade pública, e alguns podem confundir essa exposição com uma vida espiritual saudável, mas isso não é verdade. Mostrar que somos espirituais não significa que o fundamento seja sólido. Na realidade, em nossa jornada espiritual, alguns aspectos só podem ser construídos em secreto, assim como acontece na vida conjugal, por exemplo. A intimidade não é resultado do que todo mundo pode ver, mas fruto do que é gerado em segredo; e ela não deve ser exposta a ninguém além do marido e da mulher. Há uma intimidade que é secreta e essencial para sustentar, de forma saudável, um casamento que as pessoas veem do lado de fora.

Esse cuidado não diz respeito apenas à vida doméstica, mas pode se revelar de maneira parecida em nossa caminhada cristã. Afinal, são os fundamentos de uma casa que compõem uma estrutura sólida e a sustentam em meio à tempestade, não as paredes. Nos dias de adversidade, não são as práticas religiosas ou o reconhecimento público que nos mantêm firmes, e sim os atos de devoção, sacrifício e renúncia que acontecem em segredo. A generosidade que ninguém vê, as fervorosas orações que fazemos nas madrugadas, a dedicação silenciosa, os jejuns desconhecidos, estas são as "vigas" invisíveis que nos sustentam.

Há um conceito na Engenharia que funciona como uma ótima metáfora para a obra divina: o cálculo que é feito antes de se construir bases ocultas capazes de suportar grandes estruturas. Quando Deus projeta algo grandioso para a vida de alguém, ele se dedica primeiro a enrijecer os fundamentos. Podemos perceber esse processo no próprio Cristo, que viveu três anos intensos de ministério, mas preparou-se longe dos olhares da multidão por cerca de 30 anos. Moisés, que conduziu os israelitas à libertação do Egito, guiou-os pelo deserto e foi responsável por transmitir-lhes as leis divinas, passou cerca de oito décadas sendo moldado para liderar.

Isso significa que o investimento do Senhor em nossos fundamentos é um grande indício do que realmente importa. No fundo, podemos até ansiar por aplausos, reconhecimento e notoriedade pública, contudo, é naquilo que só Deus vê que reside o verdadeiro valor. Ele nos convida ao *lugar secreto* e garante uma recompensa a quem aceitar esse chamado.

O texto bíblico não esclarece que prêmio seria esse. Eu, porém, arrisco dizer que a recompensa seja o próprio Deus. Ele é o centro do *secreto*. Ele é quem de fato importa. A cada dia que busco sua face, percebo que o Senhor é suficiente. Sua presença é a maior recompensa que poderíamos receber. Como se não bastasse, *no secreto*, Deus também renova nossas forças, derrama sobre nós o seu amor e compartilha conosco uma paz que excede qualquer compreensão e uma alegria sem fim. Ele traz respostas na hora certa, ou o silêncio, quando temos de esperar e confiar.

Por outro lado, não é incomum muitas se sentirem despreparadas ou indignas para essa jornada de intimidade. Quem sabe você se enxergue como o profeta Isaías, que, diante da presença majestosa e santa do Senhor, gritou: "Ai de mim! Estou perdido! Pois sou um homem de lábios impuros e vivo no meio de um povo de lábios impuros; os meus olhos viram o Rei, o Senhor dos Exércitos!" (Isaías 6.5 - NVI). Quando estamos perante a santidade, grandeza e imponência do nosso Deus, ficamos perplexas e até sem saber muito bem como agir. Felizmente, Deus não contava com as credenciais de Isaías e não conta com as nossas.

Acho linda a continuação desse capítulo e como ela nos traz esperança: "Logo um dos serafins voou até mim trazendo uma brasa viva, que havia tirado do altar com uma tenaz. Com ela tocou a minha boca e disse: 'Veja, isto tocou os seus lábios; por isso, a sua culpa foi removida, e o seu pecado será perdoado'" (Isaías 6.6-7 – NVI). Não importa como nos achegamos até a presença do Senhor, pois, se nos arrependemos, ele é poderoso para remover a culpa, perdoar nossos pecados e nos restaurar.

Talvez você não se veja como alguém com o "passaporte" certo para estar no *lugar secreto*. Pode até pensar que esse é um espaço reservado apenas para mulheres mais espirituais, mais maduras. Quem sabe não se sinta digna ao se lembrar do seu passado ou até mesmo da sua condição atual. Ou pode ser que esteja vivendo uma nova fase no momento e já não seja capaz de conciliar o mesmo estilo de vida com Deus que estava acostumada há alguns anos, e isso tenha trazido culpa e peso. É possível até que sua rotina esteja preenchida com uma lista infindável de afazeres e horários apertados, demandas do lar, cuidados com o marido e os filhos, compromissos ministeriais ou até profissionais e acadêmicos. Seja qual for o cenário, acredite: você nunca terá as credenciais perfeitas. Suas próprias capacidades jamais serão o bastante.

Eu me lembro das incontáveis vezes que orei angustiada, dizendo que não era capaz, que não conseguiria ter esse tempo com Deus e que meus devocionais e meu relacionamento com ele eram rasos. Foi quando percebi o Pai me chamando para o *secreto* do jeito que eu me encontrava. Em meio a louças e fraldas por lavar, o Senhor me achou e me entregou uma carta com o *meu* nome. Abri o envelope e aceitei o convite que mudou a minha vida para sempre.

Pela graça de Deus, pouco a pouco, ele me mostrou o que realmente importava. A presença dele era suficiente para cobrir minhas falhas. No *secreto*, ele não estava preocupado com as minhas habilidades, com a minha reputação diante das pessoas ou até mesmo com a "falta do lugar ideal" para me derramar aos seus pés. Tudo o que ele desejava era – e ainda é – a rendição total.

Imagino que, assim como eu, não tenham sido poucas as vezes que você, ao buscar ao Senhor, acabou olhando para suas limitações. Oro para que essas palavras sejam como uma carta de Deus com o *seu* nome e a encorajem a aceitar esse convite também, apesar das suas fraquezas. Escolha focar no que realmente importa: o próprio Deus.

## É SOBRE ELE

Ele deseja se revelar a você. A proposta do Senhor para a sua e para a minha vida é uma jornada de descobertas, alinhada à sua essência e ao chamado que ele nos faz. Sei que há momentos em que nos sentimos perdidas na fé. Faz parte, a caminhada cristã tem altos e baixos, picos e vales. São horas de pé no acelerador e outras de pé no freio e na quietude. Algumas vezes, quando estamos em cima da montanha, conseguimos enxergar tudo claramente, mas em outras perdemos essa vista. Nessas horas, é fundamental lembrar da visão que o Senhor nos deu um dia e agir pela fé. Devemos nos mover não segundo aparências ou sentimentos, mas pela convicção nas palavras divinas.

Para termos essa firme confiança em Deus, é necessário conhecê-lo profunda e intimamente. Por isso, desse trecho em diante, nós nos dedicaremos a explorar certos atributos que fazem parte de quem o Senhor é.

Talvez conhecer a Deus a partir de como ele se revelou nas Escrituras seja novo para você. Os atributos são as características de Deus. Assim como pessoas nos leem e nos conhecem a partir das nossas características, o Senhor tem as suas. Algumas são *intransferíveis*, aspectos que pertencem somente a ele e que não podem ser compartilhados com nenhuma criatura, pois apontam para sua divindade absoluta. Gosto muito de meditar nesses atributos, pois eles trazem descanso ao meu coração – ele é soberano sobre tudo e todos, então, quando não entendo, posso confiar em sua soberania, em seus planos e desígnios. Mas existem também as *transferíveis*, como santidade, justiça, bondade, amor e misericórdia. Estas podem ser partilhadas conosco; na verdade, ele nos convida a imitá-lo em nosso cotidiano. São como presentes preciosos que estão ao nosso alcance.

Um dos atributos intransferíveis, ou exclusivos, de Deus é a sua autoexistência. Ele existe por si só. Deus não tem origem, causa ou qualquer dependência externa. Ele não foi criado, não veio a ser e não depende de nada fora dele para continuar existindo. Diferente de tudo o que conhecemos, até do ser humano, que tem a vida sustentada pelo Senhor (cf. Atos 17.28), Deus simplesmente é. Ele é o "EU SOU" (cf. Êxodo 3.14), o Criador de todas as coisas visíveis e invisíveis, e nada criado é capaz de impedir sua existência. Portanto, podemos descansar na certeza de que ele existe e sempre existirá, o que nos leva à segunda característica que gostaria de compartilhar: sua eternidade. Deus não tem começo nem fim, ele é eterno. Ele também é onipotente, ou seja, absolutamente nada é impossível para o Senhor.

Além disso, Deus é onisciente; ele conhece todas as coisas – o passado, o presente e o futuro –, não como quem observa uma linha do tempo, mas como alguém que está acima dela. Ele sabe qual é o princípio e o desfecho de cada história. Mesmo quando não entendemos uma situação, podemos crer que ele zela amorosamente por nós. Confesso que já tive bastante dificuldade de entender, por exemplo, certas tragédias, especialmente mulheres que perderam seus bebês. Algumas no começo da gestação, outras no terceiro, sétimo ou nono mês, quando já tinham tudo pronto. Contudo, ao conversar com cada uma, sempre busquei aconselhá-las e chorar com elas, sem nunca me esquecer de apontar para a onisciência de Deus. Muitas vezes, não entendemos nem temos capacidade para compreender determinados cenários. O Senhor, porém, está acima de qualquer suspeita. Vale a pena descansar, entregar e confiar nesse Deus poderoso, infalível e bondoso.

Outra faceta de Deus é a sua onipresença, que o permite estar presente em todos os lugares. Como o salmista escreveu: "Para onde me ausentarei do teu Espírito? Para onde fugirei da tua face? Se subo aos céus, lá estás; se faço a minha cama no mais profundo abismo, lá estás também [...]" (Salmos 139.7-8). E isso é especialmente importante quando falamos a respeito de pessoas que passaram por experiências traumáticas, como abusos, rejeições e abandonos. Quando o Senhor as alcança, muitas admitem carregar uma dúvida: "Onde Deus estava quando aquilo aconteceu comigo?". Minha resposta é que ele estava ali, bem perto. A dor que elas sentiam era ainda mais intensa no coração dele, e, desde aquela hora, ele já havia providenciado a cura por meio de Cristo, que foi esmagado por nossas maldades (cf. Isaías 53.5). Mais uma vez, nós nos vemos diante da dificuldade de compreender Deus e a vida, e isso pode nos confrontar; mas é justamente aí que temos a oportunidade de confiar que ele jamais nos esqueceu ou se omitiu em situações como essas.

Certa vez, li um livro chamado *Refúgio secreto*,[1] em que Corrie ten Boom conta sua história, falando da época em que ela e sua família ajudaram a esconder judeus dos nazistas, na Holanda. Seu pai era relojoeiro, e ela o acompanhava nas várias viagens que ele fazia para consertar relógios antigos ou vender novos modelos. Em uma dessas ocasiões, quando tinha cerca de 11 ou 12 anos, ela estava no carro com seu pai e perguntou: "Pai, o que é sexo?". Ele, constrangido, deu uma resposta rápida e logo mudou de assunto.

Quando chegaram ao seu destino, desceram do veículo com duas bolsas: uma bastante pesada e uma mais leve. O pai de Corrie, então, pediu que ela carregasse a bolsa mais pesada. Na mesma hora, ela se sentiu injustiçada, mas, ainda assim, obedeceu. O problema é que, apesar de tentar, nem sequer conseguiu tirá-la do chão. Foi com essa ilustração que seu pai lhe explicou que algumas coisas são pesadas demais para uma criança carregar. Ele deixou claro que, do mesmo modo como carregaria a mala pesada, também se responsabilizaria por carregar consigo algumas questões complexas da vida, até que ela estivesse pronta para compreendê-las. Para nós, a lógica é a mesma. Existem aspectos da nossa vida que somente Deus compreenderá, e, como um bom pai, ele selecionará aquilo que somos capazes de carregar do que ainda não temos estrutura para saber.

Tratando agora dos atributos transferíveis – aquelas características que Deus compartilha conosco –, podemos pensar, em primeiro lugar, na santidade. O Senhor é absolutamente puro. Ele não se mistura com

---

[1] TEN BOOM, Corrie; SHERRILL, Elizabeth; SHERRILL, John. *Refúgio Secreto*. Trad. de Maria Luiza Newlands. São Paulo: Vida, 2000.

o pecado; ele desconhece imperfeição. Não só isso, mas Deus é luz e nos chama a viver na luz. Por isso, você perceberá que, a cada situação – pequena ou grande – o Espírito Santo convidará você a uma vida de consagração e separação do pecado. É impressionante como as *mulheres do secreto* são chamadas a se desligarem de certas rodas de amizades para juntarem-se àquelas que buscam de todo coração as coisas do Alto.

Já reparou como, na natureza, cada criatura caminha em unidade com seus semelhantes, formando coletivos diferentes? Leões andam com leões e elefantes com elefantes. Assim, cada espécie pode viver de maneira coerente. O Criador também estabeleceu 12 tribos distintas entre seu povo; cada uma com suas características. Da mesma forma, aquelas que desejam se aprofundar na vida com Deus precisam reconhecer que o chamado à santidade envolve escolhas práticas. É preciso se afastar de superficialidades e se aliar a quem busca se entregar ao Senhor de verdade.

Outra característica de Deus é que ele é justo. O Senhor sempre age de acordo com o que é correto e perfeito (cf. Deuteronômio 32.4) e deseja que nós, como suas filhas, operemos uma balança justa. Não é à toa que a Palavra diz: "O Senhor detesta balanças desonestas, mas o peso justo é o seu prazer" (Provérbios 11.1). Deus se agrada de corações imparciais, que não manipulam ou favorecem pessoas. Assim, ele espera que rejeitemos a malícia e pratiquemos a bondade, pois ele é verdadeiramente bom. Tudo o que há de bom vem dele, e nós podemos a cada dia provar e ver como o Senhor é bom (cf. Salmos 34.8).

Além da bondade, não há como nos esquecermos do seu amor perfeito e incondicional. Esses dois atributos andam de mãos dadas, e não são aspectos genéricos ou abstratos; pelo contrário, são pessoais e sensíveis às nossas dores, fraquezas e quedas. Quando penso nisso, eu me lembro da história de um casal que congrega conosco na Abba Pai, nossa igreja local. Os dois sempre se amaram muito, mas, em determinada ocasião, tiveram uma briga muito feia. No dia em que chegaram até mim e meu marido, estavam visivelmente decepcionados com eles mesmos; a tristeza e a vergonha eram tão grandes que queriam entregar o cargo que ocupavam na igreja. Sentiam-se incapazes de exercer suas funções depois de uma briga daquelas. Foi quando confessaram ter dito palavras duras um para o outro e choraram arrependidos.

Naquele momento, o Senhor ministrou em meu coração e senti de afirmar àquele casal que eles não eram a briga que haviam tido. Deus não os sentenciaria por conta de um episódio isolado. Muito pelo contrário, ele os enxergava como filhos e os amava, pois é amoroso, bondoso, misericordioso e perdoa aqueles que se arrependem (cf. Efésios 2.4). Sua misericórdia alcança o inalcançável. Como sou grata por saber que ela se renova todas as manhãs. E se temos sido alcançadas por tamanha misericórdia, como não estender isso aos outros? Se fomos perdoadas tantas vezes, por que reter o perdão de quem nos ofende?

Isso é graça: oferecer ao outro o que nós também tanto precisamos; um gesto que quebra o ciclo da escravidão e abre espaço para o amor que acolhe, mesmo quando não existe mérito. Nosso Pai é gracioso. Sua graça é um favor concedido à humanidade; um presente que jamais poderemos retribuir ou merecer. E com ela caminha a fidelidade de Deus. O Senhor cumpre *todas* as suas promessas e nunca falha (cf. Hebreus 10.23). Em um mundo em que a fidelidade está em crise, Deus nos convida a sermos fiéis. Fiéis ao cônjuge, aos amigos, às nossas palavras, fiéis até nas situações mais ordinárias da vida. Nossa fidelidade a Deus e a sua Palavra deve ser inegociável.

O Senhor também é paciente (cf. 2Pedro 3.9) e nos conduz em humildade e mansidão. Jesus nos revelou esse coração ao dizer: "– Venham a mim todos vocês que estão cansados e sobrecarregados, e eu os aliviarei. Tomem sobre vocês o meu jugo e aprendam de mim, porque sou manso e humilde de coração; e vocês acharão descanso para a sua alma" (Mateus 11.28-29). Por último, Deus é a fonte de toda a verdade. Ele nunca mente (cf. Números 23.19; João 14.6) e nos convida a viver embasadas na verdade.

Todos esses atributos nos ajudam a ter uma noção a respeito de quem Deus é e como ele age. Cabe a nós, mulheres que foram chamadas a ser verdadeiras seguidoras de Cristo, buscarmos sua face a cada dia e permitirmos que o Espírito Santo nos transforme e santifique, a ponto de nos tornarmos mais e mais parecidas com Jesus. É como quando minhas filhas nasceram, e todos comentavam como elas eram parecidas com o meu marido. Isso me fazia pensar no privilégio e na alegria de nos parecermos com o Pai. Mesmo que você não tenha conhecido seu pai biológico, hoje, você tem acesso a um pai celestial de quem pode se orgulhar.

O meu desejo é que estas páginas aliviem o peso que, talvez, você tenha carregado em suas costas por não alcançar certas expectativas ou por não ser aquilo que imaginava como ideal. Olhe para Deus, não para suas limitações. Veja a si mesma pela lente correta: você foi feita à imagem e semelhança do seu Criador. Em Salmos 139, o rei Davi declara:

POIS TU FORMASTE O MEU INTERIOR, TU ME TECESTE NO VENTRE DE MINHA MÃE. GRAÇAS TE DOU, VISTO QUE DE MODO ASSOMBROSAMENTE MARAVILHOSO ME FORMASTE; AS TUAS OBRAS SÃO ADMIRÁVEIS, E A MINHA ALMA O SABE MUITO BEM. [...] OS TEUS OLHOS VIRAM A MINHA SUBSTÂNCIA AINDA INFORME, E NO TEU LIVRO FORAM ESCRITOS TODOS OS MEUS DIAS, CADA UM DELES ESCRITO E DETERMINADO, QUANDO NEM UM DELES AINDA EXISTIA.

**v. 13,16**

Mesmo quando não tínhamos consciência ou noção alguma de quem éramos, Deus já nos conhecia. Como um artesão, ele tinha a visão completa de quem nos tornaríamos ao longo da nossa trajetória. Pode ser que você ainda não tenha essa mesma visão de você mesma e sinta-se frustrada, porém você foi convidada a um processo de construção. Você tem em mãos a chance de desenvolver uma nova perspectiva de você mesma, alinhada com o coração de Deus, pois é ele quem trará essa nova óptica a você no *secreto*. Apenas busque por esse alinhamento e obedeça ao Senhor em cada passo que ele direcionar.

Não se compare com ninguém, por mais abençoado e ungido que seja, mas confie que Deus tem algo único a realizar em sua história. Estamos sempre tentando nos referenciar em alguém. Desde que o mundo é mundo, esse tipo de coisa existe. Por isso mesmo que Paulo escreveu: “Quando alguém diz: ‘Eu sou de Paulo’, e outro diz: ‘Eu sou de Apolo’, não é evidente que vocês andam segundo padrões humanos?” (1Coríntios 3.4). O Senhor, em compensação, deseja que nos espelhemos nele mesmo.

Nossa referência deve ser o Céu. Se pensarmos no uso do compasso, por exemplo, sabemos que temos de apoiá-lo em uma base para fazer um círculo. Assim, se o local estiver torto, o círculo que sairá no papel também será torto. Com o prumo, é diferente; ele vem do alto. Já acompanhei a construção de algumas casas e observava o construtor colocando um prumo, de cima para baixo, em uma parede qualquer. Ele verificava se aquela parede estava torta ou não a partir do prumo, que tem a capacidade de trazer alinhamento. De forma semelhante, o Senhor deseja nos alinhar a partir do Céu, não da Terra. Como? No *secreto*.

O segredo está em nosso relacionamento com Deus, que não é confinado a um espaço físico ou tradição, mas se faz presente em nossa vida diária. Hoje, compreendo que o *lugar secreto* também pode se adaptar de acordo com as fases que vivemos. Eu e Deus sabemos das vezes em que o meu carro ou a pia de louças para lavar se transformaram em *lugares secretos*. Quantas vezes foi o quarto das minhas filhas, nos momentos em que trocava as fraldas e amamentava. Já foi entre uma tarefa e outra, enquanto me dedicava a cuidar do meu lar e da minha família.

O nosso relacionamento com o Senhor diz respeito a tudo em nossa vida; não está preso a uma estrutura religiosa. Ele invade os detalhes e bastidores. Por outro lado, ele também se manifesta nos momentos em que paramos para ter um tempo aos pés dele. *Mulheres do secreto* são assim: elas têm consciência da presença de Deus.

Ser uma *mulher do secreto* significa ser íntima de Deus, e isso só é possível se investimos tempo com ele. Elas amam ao Senhor com sua vida, mesmo que quase ninguém as enxergue. Podem não ter uma exposição pública que comprove como são mulheres espirituais, porém o testemunho delas ecoa de forma nítida e consistente pela eternidade. O caráter delas foi aprovado pelo Criador graças às provações que mais ninguém pôde ver.

As *mulheres do secreto* são mulheres de verdade. Elas honram a Deus, nutrem um relacionamento com ele e o amam acima de tudo. Nas madrugadas, muitas delas buscam a presença do Senhor. Em meio aos afazeres diários, mantêm o coração voltado para o Pai. Antes de tomar uma decisão, ouvem a voz de Deus. São mulheres íntimas do Senhor, que não se contentam com cultos aos domingos. Na segunda-feira, elas estão aos pés dele. Na terça também. E assim elas seguem num ciclo que não tem fim.

Enquanto muitos seguem o ritmo acelerado e disperso da Terra, elas se movem segundo o compasso do Céu. Varrem o chão cantarolando louvores, cozinham em oração e pedem sabedoria enquanto se preparam para mais um dia; e é justamente aí que está a beleza: elas encontraram Deus na rotina, nas coisas simples. E porque andam com ele, brilham sem tentar, influenciam sem forçar, transformam sem se exibir. São mulheres que têm perfume de eternidade.

"AS *MULHERES DO SECRETO* SÃO MULHERES DE VERDADE. ELAS HONRAM A DEUS, NUTREM UM RELACIONAMENTO COM ELE E O AMAM ACIMA DE TUDO."

# CAPÍTULO 2

# Cavernas e palácios

"NÃO SE MOVA POR
AMBIÇÕES PESSOAIS
NEM ENTRE POR
QUALQUER PORTA
QUE SE ABRIR
À SUA FRENTE;
ESCOLHA SOMENTE
AQUELAS QUE O
ESPÍRITO SANTO
LHE DIRECIONAR."

Algo que tenho aprendido com Deus nos últimos anos é que ele se importa com territórios. Lendo a respeito dos homens e mulheres nas Escrituras, percebo como eles se moviam por regiões diferentes, conforme eram direcionados pelo Senhor.

Para Abraão, por exemplo, Deus disse: "[...] – Saia da sua terra, da sua parentela e da casa do seu pai e vá para a terra que lhe mostrarei" (Gênesis 12.1). Mais tarde, o Senhor guiou o povo de Israel até uma terra fértil e abundante, que a Bíblia descreve como um lugar onde "mana leite e mel" (cf. Êxodo 3.8). Para chegar lá, todos tiveram de se mover. E o que dizer a respeito de Rute, que renunciou ao seu país, seus costumes, religião e ao seu estilo de vida para se estabelecer em Belém? Nessa nova geografia, ela conheceu Boaz, tornou-se sua esposa e terminou como parte da genealogia do próprio Cristo (cf. Mateus 1.5).

Nos últimos tempos, tenho notado muitas mulheres passando por grandes mudanças territoriais – e de ambientes. Pode ser que você mesma tenha acabado de chegar a um novo país, iniciado em um novo ambiente de trabalho, ministério ou, de algum outro modo, tenha sido chamada pelo Senhor para estar nesse local em particular. Ele é quem abre portas, fecha ciclos e reposiciona seus filhos. Ele nos move.

Eu me lembro de quando minha família e eu fomos morar em Belo Horizonte por dois anos. Aquela mudança, divinamente orquestrada, foi essencial para nós. Na época em que permanecemos naquela cidade, o Pai nos moldou e nos preparou para o que viveríamos hoje, em Criciúma. Quando paro para refletir sobre isso, eu me recordo das palavras de Paulo. Tanto em Filipenses 1.24-26 quanto em Atos 20.22-24 e 2Coríntios 12.14-15, ele escreve a respeito da importância de estar em locais específicos para exercer seu chamado de maneira mais plena. É por isso que, em nossa vida, é sábio sempre nos perguntarmos: “Devo estar aqui ou não?”, “Onde preciso estar?”, “Para qual direção devo seguir?”, e nos movimentarmos de acordo com a resposta do Espírito Santo. Seja para a direita ou para a esquerda, que estejamos prontas para obedecer à voz de Deus.

Não se mova por ambições pessoais nem entre por qualquer porta que se abrir à sua frente; escolha somente aquelas que o Espírito Santo lhe direcionar. É verdade que lidaremos com a tentação de estar em espaços que não foram desenhados para nós; afinal, eles geralmente parecem atraentes. Também podemos ser seduzidas a fugir das direções que não são humanamente cativantes, mas pelas quais deveríamos seguir. Por isso é tão importante sermos calibradas no *secreto* pelo Senhor.

Quem cultiva o *lugar secreto* tem seus ouvidos treinados para escutar a voz de Deus e se torna capaz de discernir onde deve estar. Além disso, é no *secreto* que temos nosso caráter transformado à semelhança de Jesus.

Nesse tempo a sós com ele, o Senhor também nos treina e nos habilita a enxergar os desafios como oportunidades frutíferas. Pela graça de Deus, tenho exemplos valiosos de mulheres assim na minha família; elas conseguem aproveitar os tempos difíceis para extrair grandes lições, sem cair na tentação de se desviar do caminho que o Pai lhes confiou. Elas podem frequentar tanto os lugares mais sofisticados quanto os mais marginalizados. Onde quer que estejam, mantêm suas essências.

Davi também era assim. Ele transitou por muitos ambientes: desde pastos e cavernas até palácios. Por muito tempo, ficou escondido, longe dos olhares admirados, mas também ocupou as posições de maior destaque e prestígio de sua época. Tanto em um lugar como em outro, esse homem não permitiu que o exterior controlasse seu coração. Algo que sempre me impressionou em Davi é que ele jamais buscou a Deus somente nos momentos de dificuldade. Depois de ter se tornado rei, ele continuou exaltando o Senhor e, apesar de suas quedas, soube lidar com o palácio e permanecer fiel a Deus.

No entanto, isso não aconteceu de maneira automática. Ele foi forjado. Como Paulo escreveu, acredito que o jovem Davi tenha aprendido a viver contente em toda e qualquer situação. Ele descobriu em Deus o segredo para estar firme tanto em tempos de abundância quanto em dias de escassez (cf. Filipenses 4.11-13). O contentamento, como nos ensinou o apóstolo Paulo, é algo treinável, que podemos desenvolver. Esse treinamento, conforme observo na Palavra e em minha própria história, muitas vezes, acontece nas cavernas da vida. Davi passou por uma fase em que esteve, literalmente, em uma caverna para sobreviver às perseguições incansáveis de Saul:

DAVI SAIU DAQUELE LUGAR E SE REFUGIOU NA CAVERNA DE ADULÃO. QUANDO OS SEUS IRMÃOS E TODA A CASA DE SEU PAI SOUBERAM DISSO, FORAM FICAR COM ELE.

**1Samuel 22.1**

Analisando a história do jovem pastor, talvez possa parecer injusto Deus ter permitido tamanha perseguição. Mas foi justamente nesse período de tribulações que Davi foi lapidado, calibrado e preparado para o que viria a acontecer. A Bíblia diz que "ajuntaram-se a ele todos os homens que estavam em dificuldades, os que tinham dívidas, e todos os amargurados de espírito, e Davi se tornou o chefe deles. E havia com ele uns quatrocentos homens" (1Samuel 22.2).

Naquela caverna, o jovem que governaria Israel se uniu a homens com circunstâncias parecidas e começou a desenvolver a base de poder que o sustentaria nos anos seguintes como rei. Ali, Davi precisou lidar com pessoas que apresentavam problemas reais e complexos. Contudo, não só não se esquivou como se tornou chefe deles. Mesmo em um ambiente em que poucos o viam, mostrou-se útil e foi promovido. Só quem passou pela caverna de Adulão sabe o que realmente ocorreu por lá; para nós, resta imaginar com que tipo de desafios ele deve ter se deparado e como esse contexto, provavelmente, deve tê-lo transformado. Sem dúvida, Deus utilizou a aparente maldição em uma situação que cooperou para o seu bem.

A história de Davi é mais uma evidência de como podemos descansar na onipotência e soberania do nosso Pai. Nem sempre compreenderemos tudo o que acontece na vida, mas ele é quem sabe o que está por vir e de qual forma forjará em nós os atributos necessários para os próximos passos da nossa jornada. O que cabe a nós é sempre buscarmos sua presença e aprendermos a viver bem em toda e qualquer ocasião. Pode ser que, para isso, você necessite de uma transformação profunda; e se é assim, o importante é jamais se esquecer de que é possível desenvolver o contentamento, não importa em que fase você se encontre. Muitas vezes, eu me senti frustrada diante de certas situações, até que me dei conta do valor de alimentar a gratidão tanto nos momentos desafiadores quanto nos alegres.

Esse princípio da gratidão marcou meu coração de forma especial após uma experiência impactante que vivi no fim de 2024. Na época, passei por uma cirurgia que exigia anestesia geral. O problema é que ela desencadeou uma parestesia em todo o lado direito do meu corpo. Após a operação, já no quarto, percebi que não conseguia falar corretamente nem me levantar ou mover a perna direita, enquanto o lado esquerdo permanecia normal.

Assustada com aquela sensação, pensei ter sofrido um AVC ou outra emergência neurológica durante o procedimento. Aquela era uma complicação difícil de prever, por isso os médicos não haviam me alertado sobre essa possibilidade. Não fazia ideia do que estava acontecendo nem se voltaria a me mover. A verdade é que me senti desesperada e chorei muito. Desde o meio-dia, o movimento do meu lado direito estava completamente perdido. As horas passavam com uma lentidão angustiante e não havia sinais de melhora. Não parei de interceder por um minuto sequer. Graças a Deus, por volta das nove horas da noite, todos os meus movimentos voltaram ao normal. Porém, os impactos dessa experiência permanecem marcados em mim.

Nunca havia dado a devida importância para a dádiva de poder me levantar por conta própria para realizar atividades básicas do dia a dia. No entanto, o que aconteceu naquele hospital fez com que eu me colocasse no lugar de quem perde o controle sobre o próprio corpo de uma hora para outra. Percebi como deveria ser grata a Deus pelas capacidades que ele havia me dado. Quantas vezes reclamamos de besteiras, sem reconhecermos a bênção de termos autonomia, de podermos correr, andar e falar, de termos ar em nossos pulmões?

Se você visitar UTIs, encontrará pessoas que dependem de aparelhos para respirar, esperam dias por um sinal de melhora ou oram para ter apenas uma noite sem dor. Que sejamos sempre gratas por termos um corpo que responde aos nossos comandos e uma mente capaz de se lembrar e raciocinar. Mais do que isso: a minha oração é que possamos ir além, e mesmo nos momentos de fragilidade, ao enfrentarmos enfermidades, tristezas ou decepções, sejamos gratas em todas as circunstâncias, como Paulo escreveu (cf. 1Tessalonicenses 5.18). E quem melhor para nos ensinar sobre o contentamento?

O apóstolo Paulo não escreveu a partir de teorias. Sua vida foi marcada por fome, sede, prisões, viagens turbulentas, apedrejamento, injustiças, perseguições, naufrágios, açoites, cansaço, perigos e até um espinho na carne. Mesmo assim, ele permaneceu firme. A graça divina era o bastante para ele; a força do Senhor se manifestava em sua fraqueza (cf. 2Coríntios 12.7-10). Como na vida de Paulo, Deus trabalha em nosso coração por meio das situações diárias e nos guia em tempos difíceis, escuros, de limitações materiais, e em cenários favoráveis também. O segredo é enxergarmos as circunstâncias pela perspectiva do Céu. É claro que passaremos por desertos desafiadores, mas nessas horas o Senhor deseja nos preparar para que aprendamos a lidar com os tempos de bonança – sem nos perdermos do propósito.

Digo isso, porque conheci pessoas que infelizmente se perderam em meio ao sucesso. Talvez seja por esse motivo que o Pai, em sua sabedoria, escolha balancear o quanto de sucesso podemos experimentar em cada estação. Creio que ele aja dessa forma para proteger nosso coração; afinal, o que mais corrompe homens e mulheres de Deus não são as perseguições ou tempos difíceis, mas as tentações que lhes alcançam quando a vida se torna fácil e cheia de comodidades. Seremos provadas no tempo da colheita. Analisando minha própria vida, percebo como foi mais fácil de me aproximar do Senhor nas tribulações, pois eu sabia que somente ele seria capaz de me socorrer.

Mas não para por aí. Além de sermos provadas nos tempos de bonança, é em meio às provações das cavernas, perseguições e dificuldades que nossas alianças mais verdadeiras são formadas. Durante essas fases, Deus peneira as intenções das pessoas que nos cercam, assim como fez com Davi e seus leais guerreiros na caverna de Adulão. Esses são amigos que, em geral, ficam conosco não pelo que temos, mas por quem somos. Eles passaram pelo teste e permaneceram ao nosso lado mesmo sem receber nada em troca.

Ao olhar para sua vida hoje, talvez você perceba que os amigos com quem mais tem afinidade, que são leais e confiáveis, foram gerados nos tempos difíceis. São pessoas que não desistiram de você e se fizeram presentes quando o cenário era de incerteza, dor ou perda. Como Rute, que optou por caminhar ao lado de Noemi, dizendo: "[...] – Não insista para que eu a deixe nem me obrigue a não segui-la! Porque aonde quer que você for, irei eu; e onde quer que pousar, ali pousarei eu. O seu povo é o meu povo, e o seu Deus é o meu Deus" (Rute 1.16-17).

Nos momentos de sucesso e colheita, quando promessas divinas começam a se materializar, necessitamos de amigos à nossa volta. Precisamos de pessoas com quem contar. Esse é um dos segredos que a Bíblia nos ensina. Às vezes, na caverna ou enquanto sofremos com as adversidades, alguns nos deixarão. Porém, as amizades verdadeiras prevalecerão, serão calibradas, purificadas e farão toda a diferença na fartura também; afinal, precisaremos de ajuda para colher os frutos das sementes que semeamos com lágrimas.

Por outro lado, temos de estar atentas àqueles que se aproximam quando estamos nos holofotes ou em temporadas de colheita. Quem se aproxima nessa época deve ser observado com cautela, já que não passou pelas peneiras dos períodos turbulentos. Tenha sempre bastante cuidado com os bajuladores, pessoas que não têm compromisso com a sua vida e buscam apenas obter vantagens. É essencial não nos iludirmos com elogios alheios e buscarmos conselhos sábios – ainda que desafiadores – das pessoas de confiança. Acima de tudo, temos de manter nossa atenção naquilo que Deus nos fala, assim saberemos desviar dos convites que carregam segundas intenções – aqueles que nos custariam caro lá na frente.

*Mulheres do secreto* são sensíveis à voz do Espírito Santo e entendem que ele é o grande calibrador do nosso coração. É ele quem nos prepara e, na hora certa, move-nos para novos territórios, seja no palácio ou na caverna. O Senhor sabe exatamente quando estamos prontas para transitar entre locais diferentes sem nos perdermos. Ele deseja guardar nosso coração em todas essas fases, além de nos tornar mulheres que sabem ocupar posições em castelos, com autoridade e sabedoria; campos, com humildade e constância; e cavernas, com fé e perseverança.

O *lugar secreto* também é um espaço de treinamento, em que Deus nos traz aprendizados profundos e valiosos, que levaremos por toda a jornada. Quantas vezes, enquanto me dedicava ao processo de produção dos meus livros, passei por crises e cheguei a clamar ao Senhor, dizendo que não daria conta. Entretanto, ele sempre me tranquilizava, afirmando que já havia me preparado para esse tempo e me encheria com as suas palavras. Como disse a Jeremias, sentia que Deus também declarava sobre mim: "Eis que ponho as minhas palavras na sua boca" (Jeremias 1.9). Crendo nessas verdades, pude seguir em frente com a certeza de que somente a validação e aprovação que vêm do Alto eram importantes. Apenas o Senhor é capaz de nos capacitar e preparar para as batalhas e para o propósito que ele tem para nós.

A rainha Ester também passou por um processo de preparação. Antes de assumir o posto que pertencia a Vasti, a Bíblia nos conta que ela foi *preparada* longe dos holofotes. Foram 12 meses de tratamento de beleza, com óleo de mirra, perfumes e cosméticos antes de assumir o trono. E o que dizer do grande trabalho que Deus deve ter realizado em seu coração nesse tempo?

A posição de Ester não teve o poder de mudar sua essência. Nela, encontramos uma mulher capaz de transitar em vielas e castelos; alguém que não perdeu o propósito dentro do palácio, mas usou de sua influência para quebrar um decreto de morte sobre o povo de Deus. Da mesma forma, o Senhor deseja confiar a nós lugares de influência para manifestarmos o Reino dos Céus aqui na Terra – o que não quer dizer que nos tornaremos famosas ou que frequentaremos grandes púlpitos. Deus anseia que mulheres saiam prontas das cavernas para ocupar lugares estratégicos na nação. Seja na educação, nas artes, na saúde, na comunicação ou em qualquer outra área. Porém, não podemos nos esquecer: essas mulheres precisarão estar preparadas.

Talvez, nesse exato momento, muitas estejam sendo treinadas nas cavernas da vida, sentindo-se esquecidas, isoladas ou sem voz. No entanto, chegará a hora em que acessarão novos territórios, e, quando isso acontecer, oro para que não se percam entre os encantos dos castelos nem se deixem seduzir por ilusões passageiras, mas, com a graça de Deus, permaneçam firmes no propósito que o Senhor lhes confiou.

## FIEL NO CAMPO, FIEL NO PALÁCIO

Gosto de enfatizar a importância de nos prepararmos para os tão esperados "dias de glória", porque eles certamente trarão novas e inesperadas tentações, bem diferentes das que enfrentávamos nos tempos de escassez. Se voltarmos à história de Davi, por exemplo, poderemos reparar na dualidade de sua vida no campo *versus* sua vida no palácio. Usando a imaginação e tentando me colocar em seu lugar, penso que, enquanto era pastor, ele pode ter sido tentado a odiar ou invejar seus irmãos, a se afundar em autopiedade ou se omitir diante dos ataques do urso e do leão. Já na grandiosidade de seu reinado, o cenário era outro.

Não foi nos campos que ele avistou Bate-Seba, mas das alturas do palácio. O interessante é que as Escrituras nos revelam que, naquele período do ano, o rei deveria estar no campo de batalha com os seus soldados. Esse parece um detalhe fútil no capítulo – afinal, ele era um rei; não teria o direito de descansar, delegar e usufruir do que conquistou? –, mas nos traz um ensinamento profundo: a importância de respeitar as estações que Deus desenha para cada fase da nossa vida.

Na época em que me tornei mãe, tive de abrir mão de certas coisas para o bem das minhas bebês. Entendi que não era hora de escalar uma montanha ou de me aventurar em alto mar. Essa decisão não apenas preservou minha saúde, mas também a das minhas filhas que estavam em meu ventre. Quando temos crianças pequenas, devemos estar presentes e cuidar delas com todo zelo e carinho. Essa simples dedicação nos guarda de distrações que poderiam provocar grandes perdas ou desconexão com o nosso chamado. Há quem viva à espera de sinais miraculosos ou experiências espirituais arrebatadoras para então se alinhar aos propósitos de Deus. Contudo, são nossas atitudes diárias de obediência que nos conduzem aos locais certos e nos protegem de perturbações desnecessárias.

Por isso mesmo é tão essencial aprendermos a estar contentes em toda ocasião. Caso contrário, acabaremos amarguradas e ressentidas nas temporadas em que deveríamos ser gratas. Somente o contentamento nos permite transitar com leveza entre a escassez e a abundância, entre os tempos desafiadores e fáceis, entre cavernas e palácios. Mas, para isso, necessitamos de discernimento divino. Discernimento para entender a temporada em que nos encontramos, o território que devemos ocupar e o que fazer no tempo em que estamos ali. Precisamos de prudência e sintonia com o Espírito Santo para compreender com exatidão quais portas o Senhor nos chama a atravessar.

Somente as promoções do Alto serão acompanhadas de sustento divino. Deus providenciará o que for necessário para não nos perdermos ao acessarmos certos lugares. Também bloqueará algumas portas ou simplesmente soprará em nosso ouvido que a resposta para determinado convite deve ser "não". Ele não deseja nos limitar, mas nos proteger. Como mãe, muitas vezes tive de dizer "não" às minhas filhas com o objetivo de prepará-las para o futuro. O Senhor também age assim conosco: suas portas fechadas são, na verdade, lições e proteções. Por outro lado, quando ele abre uma porta, podemos avançar sem medo, seguras de sua graça e provisão.

Entre os inúmeros convites que receber ao longo da vida, tenha certeza de que nenhum deles será mais importante que o convite à presença de Deus. Jamais devemos recusá-lo. Esse é o convite que nos calibrará e fortalecerá para todos os outros. Por isso, você terá de ser fiel a Deus e ao propósito que ele lhe confiou, e não aos seus próprios desejos, vaidades e impulsos momentâneos. Nem sempre será fácil. Essa fidelidade exigirá renúncia, vigilância e desapego do aplauso.

Haverá momentos em que será necessário aprender – e reaprender, quantas vezes for necessário – que a *vida secreta* com Deus é a prioridade. Se você amar exposição, poderá vender o propósito e abrir mão até da intimidade com o Senhor. Por isso, se você se sentir tentada a agir pela força do próprio braço e começar a perceber que está se desconectando da vontade divina, pare, analise a situação e clame ao Espírito Santo que coloque o prumo do Céu em sua vida. Não troque seu propósito por um prato de lentilhas.

## UM NOVO E VIVO CAMINHO

No tempo de Moisés, a Palavra nos revela que Deus estabeleceu o Tabernáculo como uma forma temporária de se fazer presente em meio ao seu povo. Por conta do pecado, os israelitas necessitavam de um mediador, alguém que intermediasse o relacionamento com o Senhor. Naquele período, essa função era ocupada pelo sumo sacerdote. Apenas ele era capaz de entrar diante de Deus, clamar pelos pecados do povo e transitar pelos diferentes espaços do templo.

Quando o Senhor instituiu o Tabernáculo, ele foi meticuloso em cada detalhe, até mesmo ao instruir os sacerdotes a respeito de como navegar pelos três ambientes: o Átrio, o Santo Lugar e o Santíssimo Lugar. Cada parte do Tabernáculo carregava um significado específico e havia sido desenhada por Deus para uma finalidade muito particular. Contudo, não eram todas as pessoas que podiam acessar os três locais. A maioria dos seres humanos não podia entrar na presença de Deus.

Tudo mudou com a vinda de Cristo. O sacrifício e a ressurreição de Jesus transformaram a nossa história e o nosso destino para sempre. O Verbo se fez carne e habitou entre nós, cheio de graça e de verdade (cf. João 1.14), e, como diz Hebreus:

[...] POR CAUSA DO SANGUE DE JESUS, PODEMOS ENTRAR COM TODA CONFIANÇA NO LUGAR SANTÍSSIMO. POR SUA MORTE, JESUS ABRIU UM CAMINHO NOVO E VIVO ATRAVÉS DA CORTINA QUE LEVA AO LUGAR SANTÍSSIMO. E, UMA VEZ QUE TEMOS UM SUMO SACERDOTE QUE GOVERNA SOBRE A CASA DE DEUS, ENTREMOS COM CORAÇÃO SINCERO E PLENA CONFIANÇA, POIS NOSSA CONSCIÊNCIA CULPADA FOI PURIFICADA, E NOSSO CORPO, LAVADO COM ÁGUA PURA. APEGUEMO-NOS FIRMEMENTE, SEM VACILAR, À ESPERANÇA QUE PROFESSAMOS, PORQUE DEUS É FIEL PARA CUMPRIR SUA PROMESSA.

**10.19-23 - NVT**

Hoje, pela graça, misericórdia e amor de Deus, não precisamos de nenhum outro mediador, a não ser Cristo, o cordeiro puro, santo e invencível. O messias, ungido de Deus, fez-se maldição em nosso lugar para que a bênção de Abraão chegasse até nós, os gentios, a fim de que, pela fé em Cristo Jesus, recebêssemos o Espírito prometido (cf. Gálatas 3.13-14).

O Filho de Deus, em quem não havia pecado, entregou-se por amor a mim e a você, para que pudéssemos nos reconectar com o Pai. Ele é a ponte; o único caminho para ligar Deus aos homens. Jamais poderíamos pagar por algo assim. Nunca seríamos capazes de merecer tamanha graça e favor. O sacrifício de Cristo mudou tudo. Por meio de seu sangue precioso, temos acesso ao que existe de mais valioso no mundo: a presença do Pai.

Nenhum lugar é mais importante do que o *secreto*. Cristo sofreu, morreu e ressuscitou para que tivéssemos livre acesso ao Pai, para que pudéssemos conhecê-lo intimamente, nos tornássemos suas amigas, aprendêssemos os seus segredos. Toda vez que me encontro em uma fase desafiadora, eu me lembro dessa verdade e sou levada de volta ao eixo. Ela me ajuda a reencontrar meu foco.

Em meio ao barulho do mundo, às responsabilidades cotidianas e às demandas de cada estação da vida, procuro ser renovada, calibrada e transformada na presença do Senhor. O Santíssimo lugar se tornou, hoje, o *lugar secreto*, onde contemplamos a face de Deus. Não despreze esse acesso. Não ignore o que Cristo fez. Quer esteja em cavernas, quer em palácios, que você jamais se esqueça do que realmente importa.

# CAPÍTULO 3

# Treinadas no lugar secreto

“APESAR DE
NÃO SEREM
CONFORTÁVEIS,
É JUSTAMENTE EM
MEIO ÀS NOSSAS
CRISES QUE PODEMOS
EXPERIMENTAR O
PODER DE DEUS.”

O *secreto* é um lugar de crescimento. Deus deseja nos treinar e nos amadurecer, por isso usará tudo ao nosso redor para nos transformar, até mesmo as crises. Apesar de não serem confortáveis, é justamente em meio às nossas crises que podemos experimentar o poder de Deus. Onde julgávamos ter apenas um deserto árido, um jardim começa a germinar e, com o tempo, a florescer. Só que isso não acontece à vista de todos nem da noite para o dia. Todo esse processo passa pelo *lugar secreto*, no oculto. Ali, somos moldadas pelas mãos do Criador. Como um oleiro que trabalha o barro, ele nos prepara, quebra a rigidez do nosso coração (cf. Ezequiel 36.26) e esculpe em nós um caráter que reflete a imagem de Cristo. O Senhor nos revela o que precisa ser mudado em nosso interior e nos ajuda a superar nossas limitações.

À medida que amadurecemos na jornada, percebemos que existem coisas possíveis de serem treinadas. Como um músico treina suas habilidades para se tornar excelente em sua profissão, também podemos exercitar e desenvolver aspectos em nosso interior. Digo por experiência própria. Sempre lutei muito contra a timidez. Esse problema era tão visível em mim que, ao me expor diante dos outros, o meu corpo chegava a fraquejar. Lembro que, quando ainda era menina, cheguei a desmaiar antes de uma apresentação na escola, por conta da ansiedade. Mas Deus, em sua bondade, preparou para mim um lar e um segundo campo de treinamento, além do *secreto*: a igreja.

Naquele ambiente, fui forjada, até que a moça tímida e medrosa deu lugar à mulher que hoje se comunica sem medo. Compreendi que o projeto de Deus para a minha vida envolvia a comunicação, não o silêncio. Para isso, porém, o Senhor precisou derrubar, consertar e ampliar áreas do meu interior, para redesenhar minha construção interna.

Por outro lado, existem coisas que não podemos treinar, pois exigirão transformação. Certas áreas necessitam de uma transformação mais profunda. A falta de caráter não se treina, por exemplo. Não tem como treinar alguém a não mentir. A pessoa necessita de uma mudança interna, uma verdadeira metanoia, marcada por arrependimento.

É por isso que o *secreto* é tão importante. Ele serve como refúgio, mas também como um ambiente em que a transformação acontecerá. Devemos permitir que Deus reconstrua e santifique o que está quebrado e manchado dentro de nós. Já nas outras áreas, é necessário um treinamento – uma lapidação contínua.

Nesse *espaço escondido*, longe dos olhares alheios, travamos batalhas e somos preparadas para desafios maiores. Davi, antes de vencer Golias diante de todo o povo, precisou lutar contra ursos e leões em segredo.

Ninguém o aplaudiu naquele pasto. Não havia plateia, apenas ele, Deus e o problema. Da mesma forma, também somos levadas a enfrentar batalhas que forjam nossa essência, sem que outros vejam.

É justamente nesses embates ocultos que nossa fidelidade é colocada à prova; e é ela que nos habilita a ocupar lugares maiores. Somos treinadas nas pequenas coisas para que estejamos prontas para lidar com o muito, como Cristo nos ensina na parábola do semeador: "[...] 'Muito bem, servo bom e fiel; você foi fiel no pouco, sobre o muito o colocarei; venha participar da alegria do seu senhor'" (Mateus 25.21).

Ester também é um exemplo disso. Apesar de sua beleza, ela começou sua jornada como um diamante bruto e precisou ser lapidada para exercer sua vocação. A moça teve de se sujeitar à orientação de quem conhecia a corte. Ester ouviu e seguiu cada conselho e ensinamento das pessoas que o Senhor colocava em seu caminho. Com humildade, demonstrou a sabedoria de alguém que reconhece o valor de se submeter a um processo.

Mordecai e Hegai foram dois homens muito importantes em sua história. Ao receber o suporte de cada um deles, ela não perdeu autoridade. Pelo contrário, ganhou uma força nova: a autoridade que nasce da sujeição sábia e da consciência de propósito. No Reino dos Céus é assim. Quando nos permitimos ser lapidadas, não perdemos nossa essência, mas somos capacitadas e habilitadas para o que Deus preparou para nós.

A diferença entre Ester e Vasti nos mostra isso. Vasti, provavelmente, tinha crescido em berço real, estava acostumada ao luxo e à etiqueta da época, era protegida e preparada desde a infância para a realeza. Ester, por sua vez, descobriu o palácio somente depois de uma infância marcada pela simplicidade. Tudo ali era novo; ela não tinha recebido aulas de etiqueta nem estava acostumada aos rituais de beleza. Na verdade, ela carregava marcas de uma vida simples. Antes de estar pronta para o trono, precisou passar por um cuidadoso processo de purificação e preparação, pois alguns hábitos tinham de ser transformados.

Ao nos chamar para um novo tempo, Deus nos revela o que precisa ser deixado para trás e o que ele deseja curar em nosso coração, e que não condiz com o novo lugar para onde ele quer nos conduzir. Ester trilhou esse caminho, tornou-se rainha e foi achada pronta para responder ao clamor do seu tempo. Ela estava no local certo, na hora certa, na posição certa e tinha sido preparada por Deus para cumprir seu chamado. Da mesma forma, a mulher que aceita ser lapidada transforma-se em uma pessoa estratégica que ocupa seu lugar com humildade e plena consciência do seu propósito, pronta para realizar a vontade de Deus no tempo apropriado.

## DIGA SIM AO TREINAMENTO

Como tenho compartilhado nas últimas páginas, o *lugar secreto* não é apenas um refúgio, mas um campo de treinamento, onde as raízes de uma vida com Deus são aprofundadas. Distante dos olhares, a nossa alma aprende a persistir e amadurecer. Mas esse processo não ocorre em um piscar de olhos, e sim aos poucos, em etapas. Talvez no início você acredite que não será capaz de passar horas na presença do Senhor sem se preocupar com o tempo; isso não a impede de começar perseverando em oração e leitura bíblica por 15 minutos, por exemplo. Pouco a pouco, você pode aumentar a quantidade de tempo e introduzir jejuns, dentro das possibilidades da sua estação no momento.

Numa metáfora simples: se você fosse convidada para correr uma maratona em seis meses, com certeza não passaria os dias à toa, mas começaria um treino e aumentaria a intensidade bem devagar. Talvez escolhesse alternar entre caminhadas e corridas até o corpo ganhar força e resistência. Em nossa vida espiritual não é diferente. Temos de sair da zona de conforto, abandonar o que nos prende e dar um passo em direção ao relacionamento genuíno com o Pai. Não importa como você começa. Apenas comece. E, aos poucos, vá aperfeiçoando. Ninguém vence uma maratona sem nunca ter corrido antes, não é mesmo? Com o Senhor é assim também. Não construímos intimidade com ele do nada; é um exercício cotidiano de entrega.

Muitas pessoas procuram receitas mágicas para a vida no *secreto*. Mas, como em todo relacionamento, não existe uma fórmula. O vínculo se desenvolve na simplicidade dos encontros diários, na naturalidade da convivência, no desejo sincero de conhecer e ser conhecido. Por outro lado, existem, sim, alguns conselhos práticos – não regras – que podem dar um norte para quem não sabe por onde começar.

O primeiro conselho é a *escolha de um lugar específico* para seu encontro com ele. Muitas vezes, será o seu quarto, com a porta fechada. No meu caso, sempre foi a sala, que fica vazia depois que todos vão dormir. Pego um tapete, uma almofada e me sinto à vontade para me sentar, ajoelhar ou até andar e declarar a Palavra. O importante é separar um espaço para reconhecer a presença de Deus e se mover de acordo com a direção do Espírito Santo.

Segundo, *preocupe-se mais com a constância do que com a intensidade*. Provavelmente, a maioria dos seus momentos na presença de Deus não será marcada por situações extraordinárias ou fortes emoções. O segredo é persistir em buscar a face dele vez após vez. Lembre-se também de que o tempo não é o fator mais crucial. Aliás, às vezes, ele é curto, mas os minutos são cheios de verdade e rendição. É isso que importa. Não se trata de impressionar a Deus com longas orações, mas de se permitir ser tocada. Pode ser que você tenha acabado de dar à luz ou esteja em um período de provas finais na pós-graduação, por exemplo, e, hoje, não consiga passar horas no *secreto*; mesmo assim, pode render o seu coração diante do Senhor no tempo que conseguir separar para esse encontro especial.

Terceiro, *tenha sempre uma Bíblia, um caderno e uma caneta por perto*. Afinal, Deus falará com você. Para se lembrar de cada detalhe, anote o que vier à sua mente, aquilo que ele falar com você enquanto lê a sua Bíblia e registre as direções que o Espírito Santo lhe der. Mesmo que já tenha lido um versículo várias vezes, ele pode ganhar um significado novo se você estiver atenta ao que o Espírito Santo quer lhe mostrar. Escreva livremente e vá preenchendo quantos cadernos quiser. Eu mesma tenho muitos, muitos cadernos, com direções específicas que Deus me deu. Isso é incrível para nos ajudar a pôr em prática aquilo que ele nos ensina.

Por último, *aprenda a descansar na presença do Pai e a ouvir a voz dele*. O *lugar secreto* não é apenas para despejarmos o que temos a dizer, mas para aquietarmos o coração e ouvirmos o que Deus deseja falar. O silêncio é tão necessário quanto as palavras. No início, talvez dê a impressão de que o tempo esteja demorando para passar e que sua entrega é pequena. Contudo, como quem começa a praticar exercícios físicos, a resistência aumenta conforme a pessoa persiste. Com o tempo, esse momento a sós se torna mais natural e a tendência é ficarmos mais fortes, capazes de ir mais longe, e percorrer distâncias maiores no relacionamento com ele.

Esse processo de desenvolvimento me lembra de quando comecei a correr. Na primeira semana de treino, mal conseguia completar um quilômetro sem parar. Em pouco tempo, já conseguia correr dois quilômetros; depois, cinco. Persistindo no treinamento, cinco se tornaram pouco para mim, e foi aí que consegui me preparar e alcançar a marca dos dez. Muitas coisas em nossa vida demandarão treino. Temos de estar dispostas a nos submeter à jornada e perseverar, ainda que os primeiros passos não pareçam suficientes. Em algum momento, o que era difícil se tornará natural.

Diante disso, convido você a refletir em algumas perguntas: você tem sido fiel ao Senhor mesmo quando não sente nada? Você tem sido persistente no *secreto*? Tem se submetido ao treinamento de Deus no *secreto* ou resistido a ele?

Não compare sua vida espiritual com a de outras pessoas. Entregue o seu melhor ao Senhor e peça que ele ajude você a perseverar e se aperfeiçoar nessa linda jornada com ele. Deus tem algo único reservado para você. Ele deseja falar com você, curar o seu coração, revelar-se, ouvi-la e construir um relacionamento que seja só de vocês. Foque no *secreto*. Comece. Permaneça.

# DISCIPLINA

Uma das coisas que o treinamento no *secreto* produzirá em você é a disciplina. Quando falamos da vida espiritual, a determinação e a disciplina são tão importantes que, em 1Coríntios, o apóstolo Paulo compara a fé à disciplina de um atleta. Ele escreve: "[...] esmurro o meu corpo e o reduzo à escravidão, para que, tendo pregado a outros, não venha eu mesmo a ser desqualificado" (9.27). Essa metáfora não é por acaso. Nesse texto, Paulo está apontando para a importância da autodisciplina e do domínio próprio, que vão muito além de resistir a tentações momentâneas. Precisamos fazer o que tem de ser feito, mesmo quando não temos vontade, e agir com responsabilidade e compromisso nos momentos em que seria mais fácil ceder à estagnação ou às distrações. Na vida, todos correm, mas apenas aquele que se dedica de verdade alcança o prêmio. Por isso o apóstolo disse: "[...] Corram de tal maneira que ganhem o prêmio" (1Coríntios 9.24).

Se você pesquisar um pouco sobre a rotina de atletas em geral, perceberá como o dia a dia deles é desafiador. Eles são disciplinados em tudo para receber uma premiação que é passageira. Nós, porém, corremos por uma coroa eterna, que é incorruptível (cf. 1Coríntios 9.24-25). Toda vez que estiver cansada, sobrecarregada ou indisciplinada, lembre-se dessa verdade, elimine as distrações, peça a ajuda de Deus e redirecione seus olhos novamente para o que importa.

A disciplina é indispensável. A grande questão é que, muitas vezes, o que nos impede de crescer não são pecados, e sim uma má administração do tempo, decisões impensadas que nos desviam do nosso propósito, cansaço e coisas parecidas com essas. As redes sociais, por exemplo, se forem mal utilizadas podem nos levar à comparação com outras pessoas e nos fazer perder tempo. Os compromissos baseados em mera conveniência, que não estão alinhados com os planos de Deus, acabam desvirtuando nosso caminho também. Essas pequenas coisas apontam para uma falta de disciplina, que se tornará um embaraço, pode nos desgastar e até nos desviar do percurso que o Senhor havia planejado para nós.

É por isso que as pessoas disciplinadas entendem que precisarão estar dispostas a renunciar certas coisas e a perseverar. O segredo da disciplina não está em momentos curtos e intensos de dedicação, mas na constância. A perseverança, mais do que a intensidade, é o que gera frutos duradouros. E, em meio a tudo isso, assim como Ester contou com a orientação de um conselheiro, também passaremos por processos em que Deus usará pessoas, situações e até adversidades para nos conduzir à transformação.

Tempos atrás, vivi algo assim. Depois de fazer muitos exames, fui diagnosticada com algumas enfermidades complicadas. Além das doenças, meu corpo estava todo inflamado, e eu sentia inúmeros sintomas horríveis todos os dias. Quando analisou meu caso, o médico disse que não prescreveria nenhum medicamento. Meu tratamento seria uma mudança em meus hábitos alimentares. Naquele momento, senti o convite da disciplina bater à minha porta, e de novo me lembrei de Ester, que também passou por uma mudança alimentar após ter sido entregue aos cuidados de Hegai, no palácio (cf. Ester 2.9).

Aquele médico foi um Hegai para mim. Mesmo que soubesse que seria um processo difícil, decidi seguir à risca as orientações médicas; eu sabia que o Senhor estava me preparando para um novo tempo. Foram seis longos meses até meu corpo estar, finalmente, saudável, e eu conseguir servir a Deus com mais força e vitalidade. Esse foi o fruto da escolha de me livrar de certos embaraços e ter foco. Não foi fácil, mas o Senhor, minha família, meus amigos e o meu médico me ajudaram nesse processo. Hoje, comer saudavelmente não é mais um peso ou obrigação, é uma alegria.

Mulher, escolha se submeter ao processo. Para avançar, você precisará identificar e remover os embaraços. Isso vale para a nossa vida cotidiana, para os nossos relacionamentos, trabalho, ministério e até para o nosso *secreto* com Deus. Certas coisas só roubam nosso tempo e nos afastam do essencial. Por isso, temos de aprender a dizer "não" ao que é desnecessário, reservar tempo para o que tem valor e cultivar uma vida dirigida por prioridades claras. Caso contrário, corremos o risco de navegar à deriva, como um barco sem leme. Mas a solução não para por aí; não basta apenas dizer "não" ao que é supérfluo, algumas vezes somos chamadas a revisitar lugares esquecidos e recuperar o que foi perdido para que possamos avançar. É o que a história de Isaque nos ensina quando ele decidiu desentulhar poços antigos e restaurar fontes.

## DESENTULHANDO POÇOS: O TREINAMENTO QUE OCORRE EM TEMPOS DE CRISE

O capítulo 26 de Gênesis narra um momento crucial na vida de Isaque. Em meio a um período de fome, ele decidiu desentulhar os poços cavados por seu pai, Abraão, que haviam sido entulhados pelos filisteus. Apesar de simples, essa decisão carrega muito significado. Pode ser que, hoje mesmo, você também precise voltar a lugares do passado e remover tudo aquilo que está impedindo as águas de fluírem. Em muitos casos, a disciplina em tempos difíceis nos capacitará a retirar os entulhos e experimentar novamente o sobrenatural de Deus.

Crises frequentemente chegam sem aviso: seja no cansaço extremo de uma rotina desgastante, nas dificuldades conjugais, nas tragédias inesperadas ou nas angústias da alma. E esses momentos de adversidade são doloridos e difíceis, não tem como negar. Mas quando observamos pela lente do Céu, percebemos que eles não são apenas obstáculos, e sim convites celestiais para crescermos e dependermos do Senhor. Por trás do aparente caos, ele redesenha rotas e nos conduz. É nas dificuldades que somos chamadas a ouvir e obedecer à voz do Pai, em vez de buscar atalhos.

## 1. DEUS TRANSFORMA CRISES EM LUGARES DE CRESCIMENTO

Deus havia prometido a Abraão e seus descendentes uma terra que manava leite e mel. No entanto, houve um tempo em que Isaque habitou uma terra seca, enquanto o Egito prosperava com as águas do Nilo. Curiosamente, em vez de receber uma direção para fugir para as regiões mais férteis e promissoras, ele ouviu: "[...] – Não desça ao Egito, mas fique na terra que eu lhe indicar. Habite nela, e estarei com você e o abençoarei. Porque a você e à sua descendência darei todas estas terras e confirmarei o juramento que fiz a Abraão, o seu pai" (Gênesis 26.2-3). Sim, foi isso mesmo: o Senhor disse para Isaque permanecer ali, onde parecia não haver nenhuma perspectiva.

Mesmo diante da possibilidade de seguir pelo caminho que parecia mais fácil, ele preferiu a obediência e confiou em Deus. A promessa do Senhor a Isaque foi clara: presença, providência e descendência. Amo a lição que esse trecho das Escrituras nos ensina: o lugar mais seguro e frutífero sempre será o centro da vontade de Deus. Nunca faltará graça àqueles que decidem permanecer sob a direção dele, ainda que ele os conduza a um local aparentemente infértil, como um vasto deserto.

## 2. FAÇA O ORDINÁRIO E ESPERE O EXTRAORDINÁRIO DE DEUS

Para a lógica humana, cultivar uma terra seca é loucura, mas Isaque escolheu semear, mesmo quando nada indicava a possibilidade de uma colheita. O resultado de sua obediência ao Senhor? "Isaque semeou naquela terra e, no mesmo ano, recolheu cem por um, porque o Senhor o abençoava" (Gênesis 26.12). Seu sucesso não veio da condição do solo nem da aplicação das melhores técnicas de plantio. Veio da intervenção sobrenatural de Deus. Isaque fez a sua parte; ele trabalhou, investiu, plantou e perseverou; Deus fez o que só ele podia fazer.

Algumas coisas somente Deus pode fazer, mas outras nós é que precisamos realizar. O milagre estava na conta do Deus de Abraão; desentulhar os poços e semear era responsabilidade de Isaque. Deus não fará a nossa parte. Ele escolhe trabalhar em parceria conosco, mas espera que obedeçamos e coloquemos a mão na massa. Faça o ordinário e espere o extraordinário de Deus.

## 3. PROTEJA SEU CORAÇÃO

O crescimento de Isaque incomodou muitos ao seu redor. Seu progresso não passou despercebido. Afinal, ele prosperava em meio à escassez. Era óbvio que isso geraria desconforto entre aqueles que estavam de fora. Ele lidou com a inveja dos filisteus; sofreu a rejeição de Abimeleque, que o expulsou da região; e, além disso, enfrentou conflitos com os pastores de Gerar, que disputavam a posse dos poços que ele tinha reaberto. Tudo isso poderia ter feito com que Isaque se tornasse amargurado, defensivo ou vingativo. Porém, ele manteve o controle sobre seus sentimentos e escolheu valorizar a paz acima das riquezas.

A Palavra nos conta como o processo de desentulhar os poços cavados por seu pai foi desafiador. Isaque começou a reabrir os poços antigos, mas foi complicado encontrar um espaço onde pudesse se estabelecer. No primeiro poço houve contenda; no segundo também, a ponto de ele nomear o local de "Sitna", que significa "inimizade". No fim, ele encontrou um espaço em que não houve disputa, e ali reconheceu: "— Porque agora o Senhor abriu espaço para nós e vamos prosperar nesta terra" (Gênesis 26.22). Esse relato bíblico nos ensina que, após superarmos situações de contendas, se guardarmos nosso coração e olharmos para o que Deus tem para nós, encontraremos um lugar espaçoso para viver o que ele nos reservou.

## 4. REDESCUBRA POÇOS ANTIGOS E ABRA NOVOS CAMINHOS

Tenho percebido que poços que antes saciavam a sede, hoje estão entulhados – memórias, tradições valiosas, práticas espirituais esquecidas. É tempo de acordar para essa realidade e voltar a reunir a família, restaurar os cultos domésticos, buscar as veredas antigas do Evangelho e remover tudo o que impede a água viva de fluir. Nesse contexto, reabrir poços pode significar a honra ao legado dos que vieram antes de nós, o aprendizado com suas experiências e o resgate dos valores essenciais.

Mas não basta reviver o passado; é necessário também cavar novos poços. Foi o que Isaque fez. Ao todo, ele cavou sete poços. Em meio ao deserto – seja ele emocional, espiritual, familiar ou profissional –, temos a oportunidade de inovar, crescer, prosperar e, principalmente, perseverar, mesmo quando as fontes forem bloqueadas.

Entenda: as crises não são sinais de derrota. Na verdade, são oportunidades de avanço, purificação e fortalecimento da nossa fé. As crises são verdadeiros convites para que possamos viver o sobrenatural de Deus. Elas são como faróis, que nos guiam para um lugar certo. Desentulhando os poços antigos e abrindo novos, experimentamos o fluir e o renovo de Deus, mesmo nas terras mais improváveis.

Não se esqueça de que a obediência, a perseverança, a diligência e a disciplina são essenciais na caminhada com Deus. Assim, o que parecia o fim se tornará apenas o início. E o que era dor, fonte de cura. Pois onde a fé entra em parceria com Deus, há sempre um novo poço pronto para jorrar.

“ONDE A FÉ ENTRA
EM PARCERIA
COM DEUS, HÁ
SEMPRE UM NOVO
POÇO PRONTO
PARA JORRAR.”

# CAPÍTULO 4

# Mesas e talheres

"DEUS AMA
ESCONDER LIÇÕES
PROFUNDAS E
EXTRAORDINÁRIAS
NOS LUGARES MAIS
COMUNS DO NOSSO
COTIDIANO."

Talvez você possa ter idealizado uma escola bem diferente da que está matriculada agora. Quem sabe, ao ingressar nessa jornada das *mulheres do secreto*, tenha imaginado que aprenderia a viver trancada no quarto ou a frequentar grupos de oração na igreja 24 horas por dia, sete dias por semana. Mas Deus ama esconder lições profundas e extraordinárias nos lugares mais comuns do nosso cotidiano. Ele se revela a nós na simplicidade do nosso lar, quando arrumamos uma mesa bonita, preparamos o prato preferido de alguém que amamos ou servimos um café. Ele se manifesta, muitas vezes, entre mesas e talheres.

Algumas ministrações que já compartilhei Brasil afora, pela graça de Deus, chegaram a alcançar milhões de pessoas. Não tem explicação: isso é graça do Senhor. Mas muitas pessoas costumam me perguntar de onde elas vêm. Eu digo que a maioria surgiu diante da pia, enquanto lavava a louça e orava. O Senhor me encontrou no meu cotidiano, nos lugares onde ele sabia que eu precisava estar. Foi ali, no simples ato de permanecer, servir e ser fiel no que não parecia nada demais, que ele ministrou lições preciosas ao meu coração. Diversas vezes tive de parar e enxugar as mãos para registrar o que ele me falava.

Se você imaginou que esse treinamento na escola do *secreto* seria cheio de formalidades religiosas, que exigiria se afastar da sua família e passar longas horas isolada, tenho uma notícia para você: adorar o Senhor e cultivar uma vida de devoção a ele significa também voltar para casa e servir à sua família com alegria. Nosso lar deve ser um local de refúgio. É nele que recarregamos as nossas forças ao fim de cada dia.

Sabe aquela sensação de voltar para casa, após enfrentar os desafios do mundo lá fora, tomar um banho, vestir uma roupa confortável e dizer: "Estou em casa"? Ela é fruto da paz de reencontrar quem amamos – o marido e nossos filhos, ou os pais e irmãos. Ela enche o nosso coração e nos renova.

Até mesmo um animal de estimação, que nos recebe na porta, contribui para essa sensação de conforto. Afinal, ao longo do dia, é natural sermos sugadas de nossa paciência, tempo, energia. Algumas mulheres até têm uma "bateria social" mais potente que outras, mas todas precisam recarregar em algum momento. O aconchego que o lar proporciona fica ainda mais claro quando passamos alguns dias longe de casa, em viagem. Por mais incrível que o destino seja, chega uma hora em que o coração começa a sentir falta do nosso ambiente familiar.

Nossa casa é esse lugar onde somos realmente nós mesmas, sem máscaras e filtros. Ali, revelamos tanto a nossa melhor versão quanto a pior. Deve ser por isso que Deus ama tanto nos encontrar lá. No entanto, é comum olharmos para o nosso lar como um possível obstáculo espiritual. Pensamos que poderíamos buscar e servir ao Senhor com mais intensidade se estivéssemos livres das responsabilidades domésticas. Porém, ele deseja usar a sua mesa, a pia, o fogão no qual você prepara a comida para moldar seu coração e ensiná-la a adorar enquanto realiza cada tarefa em sua rotina. É no ordinário que ele esconde o extraordinário.

Pode até ser que hoje você se encontre em uma realidade difícil. Quem sabe esteja vivendo conflitos e crises familiares. Se for seu caso, considere essa situação como um motivo para perseverar em oração e clamar por uma restauração.[1] É possível que, ao olhar para tudo isso, você perceba que precisa ajustar sua postura. Infelizmente, muitos entregam o seu melhor em outras áreas – profissional, ministerial, acadêmica – e deixam a família em último lugar. Oferecem em casa apenas o que sobrou do seu amor, atenção e tranquilidade. Sem perceber, começam a enxergar os que mais os amam e precisam deles como os que mais os incomodam.

Eu me lembro do testemunho de um homem que, por conta da carga intensa de trabalho, passava longas horas lidando com metas, pressão e outras questões profissionais. Ele era gentil, atencioso e prestativo com seus colegas e superiores, mas, ao chegar em sua casa, depois de um dia desgastante, o que restava era apenas o cansaço. Sua paciência estava no limite, sua energia, esgotada, e o que fazia era esbravejar com a esposa e filhos. Até que, um dia, sentiu Deus lhe confrontar: "Você entrega sua melhor versão para o mundo, e para os da sua casa apenas o que restou".

---

[1] É importante ressaltar que me refiro a crises e conflitos que não envolvem violências físicas e abusos. Para estes casos, sugiro procurar ajuda.

A partir dali, sua postura mudou. Ele passou a priorizar a família e reconhecer que deveria direcionar a ela o que tinha de mais precioso: seu carinho, atenção e respeito.

Como mencionei, alguns olham para o próprio lar e suas muitas demandas como um empecilho para buscar e servir mais a Deus. Entendo esse sentimento. Aliás, já pensei assim também. Hoje, entendo que a nossa casa não é um atraso para o chamado – ela *faz parte* do chamado. É onde o Senhor nos oferece um treinamento que será essencial para cumprirmos seus propósitos. Mais do que isso, nossa dedicação às coisas simples é a própria realização dos planos dele para nós. Temos, porém, de estar atentas e reconhecer a ação de Deus ao longo dos dias.

Desde o princípio, o Senhor age dessa forma. Em Gênesis, Deus disse a Adão que ele deveria cuidar do jardim que havia recebido. O texto revela que ele o colocou ali "para o cultivar e o guardar" (cf. Gênesis 2.15). O verbo original dessa passagem, em hebraico, é *avad*, que significa tanto "cultivo" quanto "culto". Isso nos faz entender que o propósito do Senhor sempre foi estabelecer uma clara comunicação entre o sagrado e o cotidiano. Ou seja, era como se Deus dissesse: "Adão, quando você cuida do jardim – quando arranca as ervas daninhas, planta árvores frutíferas, embeleza e preserva esse espaço –, você está me cultuando também".

Uma despensa organizada, gavetas em ordem, louça lavada, uma nova receita preparada com carinho podem se tornar uma expressão de adoração ao Pai. A mesa posta se converte em um altar de comunhão; a casa, em um refúgio, onde Deus deseja nos encontrar. Ele se faz presente nos almoços em família, nas conversas no corredor e nos pequenos detalhes aos quais dedicamos carinho e atenção.

Ao transformar seu lar em uma extensão da sua vida com Deus, toda a sua família se sentirá convidada a se aproximar desse altar para adorar o Senhor com você. Uma mulher que tem essa atitude é leve. Ela é alguém que consegue trazer suavidade ao dia a dia das pessoas. Mesmo nos momentos mais desafiadores, quando os filhos estão em fase de provas na escola, há conflitos entre irmãos ou o cônjuge passa por crises profissionais, por exemplo, ela tem uma palavra que traz reconciliação, amor e alinhamento de propósito.

A *mulher do secreto* faz da sua casa o ambiente onde seus maiores encontros com Jesus acontecem. É ali que o Céu toca a Terra. Ela ensina a Palavra, intercede por cada filho, ora dia e noite para que vivam a vontade do Senhor. Enquanto arruma os quartos, clama para que o Espírito Santo permeie cada canto da casa, e o Senhor se alegra com tudo isso. Ele anseia encontrar você entre as tarefas diárias, sentar-se à sua mesa, participar das conversas no café da manhã. E ali mesmo, entre pratos, risos, lágrimas e conversas, você pode adorá-lo.

Nosso Deus deseja não apenas ser um hóspede, mas o morador permanente; ele quer conhecer os cômodos do seu lar e ter intimidade com cada membro da família.

Organizar a casa não atrapalha o mover do Espírito; na verdade, facilita. A própria Palavra nos mostra um Deus que se move com ordem e intencionalidade. Os livros de Levítico e Números são a prova disso. Eles documentam cada detalhe do tabernáculo, desde o tamanho das cortinas até o posicionamento dos utensílios; todas as coisas foram estipuladas pelo Senhor. Nada era aleatório. Tudo tinha medida e função. A ordem sempre fez parte da manifestação da glória.

Também vemos esse zelo na arca de Noé, cuidadosamente construída sob a orientação de Deus. Ele é organizado, por isso a ordem também revela sua essência e presença. Isso não tem a ver com rigidez ou perfeccionismo, mas com zelo. Não sei por que achamos que a liberdade do Espírito pode remeter à desorganização. Pelo contrário, ordem e leveza não são opostos, são expressões harmoniosas do agir de Deus.

## MULHERES DE DENTRO

Quando reflito sobre essa dinâmica de ordem e propósito, percebo como Deus conduz nossos caminhos de maneira intencional e, muitas vezes, surpreendente. Lembro como se fosse hoje da época em que muitos me diziam: "Você é uma águia, precisa alçar voo e viver segundo a vontade de Deus".

Ao me imaginar como uma águia, jamais me via recolhida dentro de casa. Mas foi nesse momento que o Senhor começou a me ensinar uma lição: "Sim, você é uma águia, mas agora será como uma galinha para cuidar de seus filhotes". Essa imagem ficou marcada em minha mente, pois me lembrei das palavras de Jesus ao lamentar sobre Jerusalém: "Quantas vezes eu quis reunir os seus filhos, como a galinha ajunta os seus pintinhos debaixo das asas [...] (Mateus 23.37).

Foi em uma escola de treinamento, enquanto buscava pela direção divina, que senti o Senhor ministrar em meu coração: "Volte para casa, cuide da sua família. Essa é a adoração que desejo de você agora". Pense na minha surpresa! Confesso que relutei muito, porque, no fundo, pensava que buscar a Deus era algo que se fazia em ambientes eclesiásticos ou em lugares de visibilidade. Porém, aprendi que é na simplicidade da vida doméstica que mais ouvimos a voz do Pai. Foi entre mesas e talheres, focada em servir à minha família, que compreendi o que é adoração de verdade. Aceitei, então, que era tempo de me dedicar ao cuidado do meu lar e construir uma casa firmada sobre o altar da presença de Deus.

Existe uma frase que ouvi, certa vez, e que guardo em meu coração: "Nenhum sucesso ministerial justifica o fracasso familiar". Essas palavras me fizeram perceber que minha maior missão deve ser obedecer a Deus sem sacrificar meu casamento ou negligenciar minhas filhas. E tenho notado, cada vez mais, que a minha casa é um convite para habitarmos no *secreto*, cuidando daqueles que amamos.

Não é por acaso que a mulher costuma se envolver de forma mais intensa no universo interior. Somos, por natureza, inclinadas a valorizar e proteger o que acontece dentro de casa, enquanto o homem tende a se voltar mais para fora. Uma vez, tive um conflito com meu marido justamente por conta dessa diferença em nossa natureza. Havíamos acabado de nos mudar para uma nova casa, e o Telmo queria comprar uma planta ornamental para o jardim. Eu, por outro lado, questionava como poderíamos investir em algo assim se ainda não tínhamos sequer um centro de mesa. Foi aí que compreendi como nós, mulheres, lutamos e zelamos pelo interior e nossos maridos costumam priorizar o que está além das quatro paredes.

Isso se repete também na forma como nos relacionamos com nossos filhos. Instintivamente, nossa tendência é trazê-los para perto. Queremos envolver cada um no aconchego da casa e garantir que se sintam seguros e amados. Enquanto isso, os pais voltam o olhar para o futuro deles, apontam destinos e encorajam voos para além do que podemos ver. A beleza de tudo isso é que cada um, pai e mãe, tem seu papel fundamental e complementar na família. Homens são chamados para prover, proteger e lançar. Nós somos chamadas para tornar o nosso lar agradável, funcional e cheio de beleza – e ao fazermos com amor, levantamos um altar de adoração em casa.

Esse chamado se revela de forma simples em nosso cotidiano. Eu me lembro de uma série de momentos especiais em que ouvi a voz de Deus ao arrumar a casa. Certa vez, tive dificuldade para abrir uma gaveta, pois estava tão cheia e bagunçada, que mal deslizava. Percebi, então, que seria necessário me desfazer de alguns objetos que a emperravam. Foi quando o Senhor falou claramente ao meu coração: "Ao organizar sua casa, você trará equilíbrio à sua própria alma". Essa experiênicia me marcou, pois, por um bom tempo, eu mesma não sabia muito sobre organização. Precisei desenvolver essa habilidade e, acima de tudo, ser intencional nesse processo.

Pela graça do Senhor, aprendi a ser organizada e percebi o quanto desejava que as minhas filhas não precisassem enfrentar a mesma dificuldade. Por isso, busquei tornar esse caminho mais leve para elas. Quando a Isabela ainda era pequena, li que crianças que crescem em ambientes organizados tendem a adotar esse padrão na vida adulta, mesmo sem compreenderem totalmente no início. Foi então que passei a ensiná-la a guardar os brinquedos no caixote, após as brincadeiras. Aos poucos, comecei a criar pequenas rotinas que ela foi aprendendo a valorizar. Hoje, já mocinha, a Bela ama a sensação de um ambiente limpo e organizado; afinal, foi nesse contexto que ela cresceu.

Às vezes, é preciso ensinar a própria família a ser organizada, treinar hábitos, insistir com amor. Muitas pessoas não se atentam a isso, talvez por acreditarem que a organização é apenas algo estético, porém um lar arrumado faz com que conflitos sejam menos frequentes, favorece o relacionamento familiar e nos torna mais leves e disponíveis para vivermos a vontade de Deus.

## O VALOR DA CASA E DA FAMÍLIA

Apesar da importância de uma casa em ordem ser algo aparentemente óbvio, vivemos tempos em que o significado do próprio lar e da família vem sendo questionado e, muitas vezes, subestimado. O discurso de empoderamento feminino tem ganhado força e com ele interpretações distorcidas sobre o chamado e o papel da mulher têm surgido como resultado. Muitas acabam sendo convencidas de que o reconhecimento social, como aparecer em revistas do mundo corporativo ou conquistar relevância profissional, é um objetivo maior e mais digno do que o cuidado com a casa e a família. Assim, as demandas do lar vão sendo negligenciadas em nome de tarefas consideradas mais importantes. No entanto, devemos questionar se esses outros afazeres são, de fato, nossa principal missão.

É claro que as diferentes realidades precisam ser consideradas. Nem todas as mulheres têm a possibilidade de permanecer em casa em tempo integral e, às vezes, não são sequer chamadas a viver dessa forma. O contexto brasileiro é amplo e complexo; boa parte das mulheres precisa trabalhar para manter o sustento do lar, e isso não diminui sua feminilidade. Já em alguns casos, como o meu, o salário representava apenas um complemento à renda familiar, o que possibilitou a decisão de me dedicar exclusivamente ao lar. Isso não significa, porém, que essa escolha foi fácil. Quem toma essa decisão terá uma experiência marcada por renúncias.

Quando as minhas filhas eram pequenas, optei por abrir mão de certos luxos, confortos e de oportunidades de avanço em outras áreas, como a profissional e ministerial, para estar com elas nos seus primeiros anos de vida. Na época, fiz isso em obediência a uma direção clara do Senhor e hoje olho para trás e vejo que essa foi uma das melhores decisões da minha vida.

O Senhor tem um chamado especial para cada mulher, e cabe a nós estarmos atentas à voz dele. O que serve para uma pode não servir para outra. E tudo bem. Reconheço o esforço das mulheres para quem o trabalho é indispensável. São guerreiras que não deixam de ser verdadeiras guardiãs do lar. A elas, reforço que é a qualidade do tempo, mais do que a quantidade, que determina a influência de uma mãe sobre seus filhos. Deus, em sua misericórdia e bondade, é capaz de redimir cada instante dedicado à família, mesmo em meio a rotinas atribuladas e ausências necessárias.

Por outro lado, também é comum haver mulheres que, embora estejam fisicamente em casa, têm o coração ausente. O lar se transforma, então, em uma espécie de prisão, e elas passam a desejar um reconhecimento que acreditam existir "lá fora". Mas o tempo passado em casa pode ser um palco de transformação pessoal em que nosso caráter é trabalhado, nossas intenções são refinadas e nossas feridas, curadas. Esse processo ocorre para que possamos cumprir os propósitos de Deus. Não podemos nos esquecer de que, quando nos voltamos para o lar, isso não é apenas um ato físico, é uma entrega do corpo e da alma.

Casa é mais do que paredes, móveis ou conforto material; é o cenário onde construímos um lar, fruto da nossa dedicação diária. E o lar, diferentemente da casa, não se compra pronto, ele se edifica aos poucos, com escolhas intencionais, afeto, perdão e presença. Ali, revelamos quem realmente somos, solidificamos laços e temos a chance de colocar em prática valores inegociáveis. Em minha própria história, houve um tempo em que precisei redescobrir o significado da casa, e isso mudou a minha vida e a da minha família. Um lar saudável cria uma base sólida para futuros brilhantes. Nele, somos curadas, provadas como o ouro e, a cada batalha vencida, nós nos tornamos mais autênticas, maduras e fortes.

Apesar disso, muitos têm glorificado o sucesso profissional acima de qualquer outra conquista, ainda que custe a própria família. Claro que não há problema algum em desejar ser bem-sucedido profissional ou ministerialmente. O problema está em conquistar o mundo enquanto nosso lar se perde. Conheço histórias de pessoas que triunfaram em suas carreiras, mas, nos bastidores da vida, colheram lágrimas e arrependimentos por conta da negligência da família.

O verdadeiro ministério começa em casa. Não é a única missão possível, mas é, sem dúvida, a primeira e precisa ser exercida com cuidado. Ao zelarmos pela família, nós somos preparadas para o resto da vida e para o chamado que Deus nos confiou. Não estou me referindo a um estereótipo engessado de "mulher do lar", como se houvesse um molde rígido de mulher ideal a ser seguido.

Deus não se impressiona com modelos prontos ou imagens bem--arquitetadas, ele enxerga as intenções de cada coração. Ele vê além da simples atitude de ficar em casa ou trabalhar fora. Eu mesma, ao voltar para o lar, imaginei estar sendo punida ou deixada de lado, e só mais tarde compreendi que esse era o lugar onde Deus desejava refinar a minha vida.

Depois de todo o processo, a maior lição que carrego comigo é que, no trabalho, por mais competentes que sejamos, podemos ser substituídas. No ministério, hoje somos admiradas; amanhã, esquecidas. Cenários e plataformas sociais mudam, ciclos se encerram. No entanto, em nossa família, somos únicas e insubstituíveis. O papel de uma esposa e de uma mãe é singular, e seu impacto perpassa toda uma vida.

Talvez você se encontre à procura da dracma perdida, como a mulher da parábola, que, ao perceber a ausência de uma das moedas de prata, acende uma lamparina e varre a casa até encontrar o objeto (cf. Lucas 15.8-10). A dracma simboliza o que se perde do lado de dentro e nos ensina que nem todas as perdas acontecem fora de casa. Por isso, o processo de restauração começa com uma volta ao lar. Temos de olhar para dentro, examinar as "gavetas" da casa e analisar o que deve ficar e o que deve ser arrancado. É algo que exige coragem. Precisamos acender a luz sobre o que ficou esquecido e trazer à tona o que acabou se perdendo entre as urgências do dia. Temos de iluminar o que está oculto, reorganizar o que foi bagunçado, limpar o que se sujou e reencontrar o que tem valor eterno – o casamento, a maternidade, a beleza dos laços familiares.

A mulher que se dedica aos cuidados do lar não está limitando ou reduzindo seu potencial. Pelo contrário, ela está sendo fortalecida e inspirada a servir a Deus e ao próximo. Priorizar a casa significa, na verdade, alinhar as demais atividades àquilo que importa de fato, permitindo que tudo seja feito na ordem e medida certas. O Senhor não se impressiona com uma aparência de sucesso ou títulos reconhecidos pelos homens. O que ele valoriza é um coração disposto a obedecer. Ele se agrada da mulher que, em vez de buscar afirmação externa, procura edificar sua casa e se gastar pelos outros, seja qual for a sua circunstância.

Que cada uma de nós possa compreender que o tesouro da vida está mais perto do que imaginamos. Enquanto o trabalho é passageiro e os aplausos do mundo encantam por um tempo e logo acabam, o lar é o lugar onde descansamos, recarregamos as forças, somos amadas e lapidadas. É nesse espaço *secreto* que somos forjadas e construímos um legado para as próximas gerações. O meu desejo é que possamos olhar para a nossa casa como um ponto de partida; um lugar de envio, preparo, cura e plenitude. Um lugar onde o Senhor deseja nos encontrar.

# CAPÍTULO 5

# Fraldas e coque

"A MÃE É QUEM
TRAZ COR PARA
O LAR. DENTRO
DAS QUATRO
PAREDES DA CASA,
ONDE A ROTINA
PARECE SE REPETIR
EM CICLOS SEM FIM,
É ELA QUEM PLANTA
AS SEMENTES
INVISÍVEIS QUE FAZEM
BROTAR AS CORES
QUE MANTÊM
A VIDA MAIS
ALEGRE E LEVE."

Este capítulo foi escrito para relembrá-la que Deus não esqueceu de você. Ainda que tudo pareça estar pausado em sua vida, a grande verdade é que você está caminhando no centro da vontade de Deus. É natural alguns momentos parecerem monótonos ou até exaustivos, quando nossos dias se resumem à rotina da casa. Nessas horas, você precisa resgatar as verdades bíblicas, apegar-se a elas e lembrar que o Senhor jamais se esquece ou desampara você (cf. Isaías 49.15-16).

Mesmo que sua vida pareça estagnada, existe um propósito em desenvolvimento. Períodos de aparente pausa são, na verdade, uma preparação. A chegada de um filho é um exemplo disso. Eu me lembro bem de quando minha primeira filha nasceu. Foi como se o mundo tivesse desacelerado para que eu pudesse absorver tudo o que acontecia.

Alguns dias antes de seu nascimento, pensei um turbilhão de coisas: “Serei uma boa mãe?”, “Conseguirei dar conta de tudo?”, “Estou pronta?", "E se eu não souber o que fazer?"; uma avalanche de questionamentos e inseguranças. Acredito que toda mãe de primeira viagem enfrenta o medo de não saber dar o primeiro banho, segurar o bebê da maneira certa, errar na troca de fralda ou não entender por que ele está chorando. É como se, de repente, fôssemos transportadas para um mundo novo, onde se fala um idioma desconhecido. Nenhuma mulher está totalmente pronta para ser mãe. Mesmo com conselhos, vídeos, cursos e coisas assim, há um tipo de conhecimento que só vem com a experiência real.

Contudo, quando finalmente olhei minha filha nos olhos pela primeira vez, um amor intenso invadiu meu coração. Era diferente de tudo o que já havia sentido. Naquela hora, entendi o que significava amar sem limites. Com ela em meus braços, descobri que a maternidade é um convite ao *lugar secreto* que vem em uma embalagem diferente da que esperávamos. Sonhamos com cenas perfeitas: o quartinho montado, as roupinhas organizadas, o bebê dormindo tranquilo. Porém, a realidade não é bem assim. Vêm as noites mal dormidas, o choro que parece não ter fim e, entre tantas outras coisas, uma vulnerabilidade que nunca tínhamos experimentado. Não é fácil. E é justamente por não ser fácil que essa fase se torna um terreno fértil para o agir de Deus.

A fragilidade, o esgotamento, a entrega, o amor incondicional, tudo isso se transforma em matéria-prima nas mãos do Oleiro. Quem me vê hoje talvez imagine que fui moldada em escolas teológicas. Talvez pensem que todo o meu preparo veio de livros, cursos e conferências. No entanto, por mais que toda carga de estudo tenha sido fundamental, posso dizer que um dos maiores treinamentos que vivi foi dentro de casa, na rotina doméstica e da maternidade. Muito do que sou hoje, como pastora e conselheira, aprendi em meio a tarefas do dia a dia.

A maternidade muda nosso cotidiano, redefine prioridades e, de certa forma, compromete a vida social. Tudo que antes parecia simples – como sair de casa, viajar no fim de semana – fica mais complexo. É como se o mundo lá fora continuasse girando no mesmo ritmo, enquanto o seu desacelerasse.

Por outro lado, não podemos nos esquecer da verdade: nada disso é em vão. Esse bebezinho, que hoje exige tanto de você, crescerá. Um dia, ele dará tchau na porta e sairá para viver a vida adulta; e quando essa hora chegar, você perceberá que não estava só criando uma criança. Na verdade, fez parte da educação e criação de um ser humano, feito à imagem e semelhança de Deus.

Depois que me tornei mãe, descobri uma força que nem sabia que existia dentro de mim. Eu me transformei em alguém mais segura, firme em minhas decisões e confiante em quem sou. Passei a ser mais madura e a valorizar o que realmente importa. Com toda certeza, posso afirmar que, apesar das minhas imperfeições, o meu lugar de sucesso é ser mãe.

Ao desempenhar esse papel, vivemos inúmeras batalhas secretas. Não ocupamos as posições de destaque que a maioria das pessoas valoriza. Pelo contrário, muitas de nós abrimos mão de carreiras profissionais ou ministeriais para servir onde Deus nos plantou, seja temporariamente ou não. Em vez de um *look* bem-pensado, nosso uniforme do dia tende a ser o pijama e um coque feito às pressas. Não por desleixo, mas porque temos prioridades mais urgentes, como atender a um choro, preparar uma mamadeira, corrigir ou apenas se sentar no chão para brincar.

É nesse ambiente de renúncia, lágrimas e uma solidão muitas vezes não compreendida que o Senhor decide nos construir por dentro e aprofundar as nossas raízes. Quando um bebê nasce, quem entra em um tipo de útero é a mãe. Pode parecer contraditório, mas é assim mesmo. O nascimento de uma criança marca o início de uma gestação interna. O Senhor forma a mulher que seremos após esse tempo. E sabe o que é mais bonito em tudo isso? A consciência de que você está exatamente onde deveria estar.

Quando eu amamentava as minhas filhas, o leite estava em mim, não no meu marido. Ou seja, certas coisas só eu podia fazer. Em muitos momentos, senti saudade da minha vida social antes de ser mãe, de conversar sobre coisas que não tivessem a ver com fraldas e mamadeiras. Até que, certa vez, falei para o Telmo que queria sair com umas amigas, então ele me olhou e perguntou: "Mas como alimentarei a bebê?". Ele tinha razão. Eu sabia que teria um tempo de, no máximo, duas horas. Era o intervalo entre dar de mamar, sair correndo e voltar antes que o bebê acordasse com fome novamente. Combinei com o meu marido e decidi me ajustar para conciliar as duas coisas.

Fui a um aniversário de uma amiga e estava feliz por sair e conversar com outras pessoas. Porém, no meio da festa, meu corpo não me deixou esquecer do meu chamado. Meu seio começou a doer. O leite estava ali, acumulando, e era como se algo dissesse: "Você está longe, mas ainda é necessária". O leite clamava pelo bebê. É uma sensação difícil de explicar para quem nunca viveu essa experiência.

Naquele dia, pensei: "Que injustiça! O melhor seria se pudéssemos dividir essa responsabilidade tão exigente". No mesmo instante, senti o Espírito Santo ministrar em meu coração: "Esse é um tempo de construir laços entre você e sua filha; nesse tempo, também estou construindo você". Foi então que comecei a enxergar com mais clareza o quanto somos mantenedoras da vida que acontece dentro das paredes do lar. Ao amamentar, percebi que minha função não era apenas de prover alimento. Eu era, ali, a fonte de sustento em muitos níveis: emocional, espiritual e afetivo.

Por bastante tempo, pensei que o papel da mãe fosse, acima de tudo, físico e prático. Aos poucos, entendi que também somos provedoras de uma nutrição invisível. Quantas vezes não fui aquela que lembrou minhas filhas de fazer o devocional, quem as incentivou a orar antes de dormir, quem cantou louvores com elas e ensinou os princípios da nossa fé. Quando minhas filhas tinham conflitos com seus amiguinhos, quem acabava se envolvendo para ajudar a resolver era eu. De forma quase instintiva, eu me via chamada a traduzir as emoções delas, a entrar nos bastidores do que sentiam. Em muitos lares, é a figura materna que percebe, nas entrelinhas, o que as palavras não dizem. Por isso, mesmo diante de todas as responsabilidades, nunca subestimo o valor da presença de uma mãe no lar – o que não significa que meu marido não tenha participado de tudo isso e não seja insubstituível; somos uma dupla e os dois são essenciais no processo; mas existe algo de especial e único na maneira como eu faço e como ele faz.

Eu me lembro bem de uma cena que marcou meu coração. Depois de uma viagem que fiz para ministrar, assim que cheguei a casa, fui recebida pela minha filha mais nova com a seguinte frase: "Mamãe, a nossa casa fica em preto e branco quando você não está". Ela não tinha vocabulário para explicar exatamente o que sentia, mas suas palavras eram uma constatação, infantil e até poética, de que minha ausência deixava lacunas.

A mãe é quem traz cor para o lar. Dentro das quatro paredes da casa, onde a rotina parece se repetir em ciclos sem fim, é ela quem planta as sementes invisíveis que fazem brotar as cores que mantêm a vida mais alegre e leve. É nesse cenário que surge a capacidade de dar um novo sentido ao que é comum. Talvez seja por isso que a experiência de ser mãe tenha também colorido minha vida com tons que jamais imaginei existir.

## NASCERAM ELAS, EU NASCI

Minhas duas gestações foram um divisor de águas em minha vida. Na minha primeira gravidez, tudo era novo. Eu me lembro da emoção de olhar para o teste e ver os dois risquinhos. Conversando com o Senhor, eu e o Telmo entendemos que o nome dela seria Vitória e que ela teria um propósito muito específico e lindo – que ele foi revelando a nós aos poucos. Um destino começava a se desenhar.

No sétimo mês da gestação, meu marido e eu fomos chamados, pelo nosso pastor, para pastorear uma comunidade; um convite inesperado, feito em um dos momentos mais delicados da minha vida. Meu corpo estava se preparando para dar à luz, mas Deus me preparava para gerar um ministério. Na época, meu marido foi consagrado pastor, e eu, mesmo grávida, tornei-me parte da liderança daquela congregação.

Foi no lugar mais improvável e no momento mais difícil que o Senhor decidiu se revelar a mim com ainda mais intensidade. Não foi fácil, porque eu estava no fim da minha primeira gestação – com oito para nove meses – quando dei à luz a Vitória. A partir dali, teve início o meu puerpério, um período que costuma ser delicado e solitário para muitas mulheres; e comigo não foi diferente. Vivi aqueles primeiros 40 dias em casa, em meio a ajustes emocionais e físicos que a chegada da minha filha demandava. Contudo, o que eu não esperava era que Deus usaria justamente esse cenário para me lançar em direção a algo maior. Comecei a pastorear com um bebê pequeno nos braços. Enquanto vivia as madrugadas de amamentação e cansaço, eu me preparava para aconselhar, ouvir, servir e caminhar com pessoas. Tudo ao mesmo tempo.

A chegada da Vitória, sem dúvida, mudou a realidade de casa. Ela inaugurou um novo tempo sobre nossa família. Começamos a entender quem éramos em Deus, tanto como casal quanto ministros e pais. Como ela era a primogênita, trouxe consigo uma bagagem de aprendizados. Quem é mãe de primeira viagem sabe do que estou falando: entrei nessa jornada pensando que ensinaria, mas logo percebi que quem aprenderia mais seria eu.

Minha segunda filha, Isabela, também nasceu em um momento marcante. De uma forma tão linda, o Pai desenhou um caminho bem parecido com o que havia traçado em minha primeira gestação, só que em um novo nível. Quando estava com sete meses, nasceu também a Abba Pai Church – nossa igreja local –, o que representou para mim o estabelecimento daquilo que havia aprendido no primeiro ciclo. Minha primogênita trouxe lições e me lançou no chamado. A Bela veio como um selo. Entendi que era tempo de consolidação. Seu nascimento iniciou uma nova temporada, e novamente fui conduzida para o *lugar secreto*. Era como se o Céu estivesse dizendo: "Prepare-se, porque os próximos anos serão frutíferos". E, de fato, foram.

Se você pensar cronologicamente no nascimento dos seus filhos, perceberá como cada um marcou uma nova estação. Não importa se você tem três filhos, dois ou só um, faça esse exercício agora. Pare por um momento e reflita. O que aconteceu na sua vida durante a chegada de cada um deles? O que mudou? O que Deus estava fazendo em você e por meio de você na época? Talvez você nunca tenha olhado para a maternidade com essa perspectiva.

Eu me lembro, por exemplo, do quanto amava usar salto alto; fazia parte do meu estilo. Mas quando me tornei mãe, os saltos de doze centímetros foram abandonados, pois já não se ajustavam à realidade que eu vivia. Meus pés precisavam de conforto, agilidade e estabilidade. O que antes era símbolo de beleza passou a ser obstáculo para o meu ritmo. Então, passei a não priorizar a aparência na escolha dos meus sapatos; o foco era a funcionalidade, afinal uma mãe precisa correr atrás da criança, levantar do chão com bebê no colo, subir escadas com mochila e brinquedos. Saltos já não faziam sentido.

Também vivemos isso em nossa caminhada cristã. Em certas fases, o Senhor nos convida a escalar montanhas. E ninguém sobe uma montanha de salto alto, é preciso trocar o calçado, substituir o *glamour* pela firmeza. Em outros momentos, somos chamadas a correr em alta velocidade; para isso, um tênis leve e com um bom amortecimento é necessário. Temos ainda os dias de batalha, em que o único calçado apropriado é um coturno firme, pesado, próprio para resistir a um terreno duro. Nem sempre faremos o que desejamos, temos de fazer o que precisa ser feito.

Quando a Vitória tinha apenas um ano, a soneca da tarde era o período mais longo em que ela dormia, e eu aproveitava aquelas horas para buscar a presença de Deus. Era o único momento que eu tinha, no meio de tantas demandas. Jogava um tapete no chão da sala, colocava louvores para tocar e tentava entender o que o Senhor estava fazendo em minha vida. Era como se duas versões minhas buscassem coexistir: a mulher de antes e a mãe que havia nascido com minha filha. Confesso que, naquela época, ainda não sabia como reconciliar essas duas identidades. Essa transição, apesar de natural, foi mais desafiadora do que eu imaginava.

Um dia, precisei sair rapidamente da rotina de casa para renovar a minha carteira de motorista. Pedi ajuda para alguém ficar com minha filha por uma hora. Ao me arrumar, decidi pegar a bolsa que usava antes de engravidar. Dentro dela estavam apenas as minhas coisas: meus documentos, telefone e um batom. Não havia fraldas, lencinhos, mamadeiras, brinquedinhos ou paninhos de boca. Era como se estivesse me vestindo de uma mulher que tinha existido antes. Quando fechei a porta de casa e entrei no elevador, olhei para minha bolsa e chorei. Pela primeira vez, estava encarando essa tensão entre ser mãe e mulher.

A maternidade realmente muda tudo. No entanto, ela não nos anula. E, chorando no elevador, compreendi que não precisava escolher entre ser mãe ou mulher. Simplesmente precisava aprender a conciliar essas duas realidades e entender que a mulher de antes não havia morrido, mas havia sido ressignificada pela experiência de amar de uma maneira completamente nova.

Eu havia me tornado mãe. Não conseguia mais ser a mulher de antes, com seus gostos, desejos e autonomia. Era como se ela tivesse desaparecido, engolida pela demanda de cuidar de outro ser humano. Foram dias difíceis, de choros contidos, nós na garganta e orações. Houve momentos em que parecia que havia me perdido de mim mesma, que tudo o que restava era uma função e uma série de grandes responsabilidades. Mas, ao mesmo tempo, também vivia dias em que a graça de Deus me envolvia e o Céu se fazia presente. Por isso, eu tinha plena convicção de estar no centro da vontade de Deus. O curioso é que, por muito tempo, associei essa expressão – "o centro da vontade de Deus" – a algo grandioso e visível. Pensava que viver isso significava servir em um ministério, viajar para pregar, fazer algo que impactasse multidões.

Contudo, foi dentro de casa, com um bebê nos braços, que esse conceito foi completamente ressignificado. O que eu vivia parecia pequeno demais aos olhos do mundo, porém, aos olhos de Deus, era santo. Hoje, quando olho para minha filha, uma mulher feita, que se casou, está sonhando com seu bebê e trilhando o próprio caminho com temor e amor, vejo que existia um propósito para a minha escolha de me entregar à família. Nenhum detalhe foi em vão. Nosso trabalho no *secreto* tem peso eterno.

Portanto, caso esteja vivendo um tempo semelhante ao que eu passei, não fuja do processo. O Senhor está usando esse momento para transformar você em uma nova mulher, mais resiliente, paciente e amorosa. Se já tiver passado por essa fase, por favor, não guarde o que aprendeu só para você. Seja uma mulher que encoraja outras. Alguém que estende a mão para as mães que estão começando essa jornada agora.

Hoje, encorajar novas mamães é justamente um dos meus ministérios. Na Abba Pai Church, vemos o nascimento de muitos bebês. Amo tocar as barrigas das grávidas e orar para que, logo após o nascimento do bebê, elas também deem à luz a uma nova versão delas mesmas. Faço isso porque creio, com todo o meu coração, que Deus usa a maternidade como um convite ao *secreto*. Desejo que toda mãe tenha a certeza de que não está apenas cuidando de um filho ou uma filha, mas está sendo cuidada e transformada pelo Senhor nessa jornada. Ele está com cada uma de nós, gerando algo eterno em nosso coração e ao nosso redor.

## SER ANTES DE ENSINAR

Quando falamos sobre maternidade, é inevitável não refletirmos a respeito dos desafios de educar nossos filhos na fé. Muitas vezes, quando compartilho sobre minha trajetória, surgem perguntas a respeito de como transmitir princípios espirituais aos filhos. Quando as pessoas olham para a Vitória e percebem sua entrega e paixão por Jesus, costumam me perguntar: "O que você fez? De que forma conseguiu incutir em sua filha o amor pelo Senhor, pela Palavra, pela igreja, sem que isso parecesse um peso ou uma imposição?". Entendo esses questionamentos, mas realmente não é algo que se impõe.

A verdade é que a Vitória sempre teve um coração sensível à presença de Deus, desde pequena. Sua devoção não foi resultado de fórmulas prontas ou métodos rígidos. Digo isso, pois conheço mães que literalmente fazem planilhas de leitura bíblica, cronogramas espirituais, além de estabelecerem metas diárias de oração para os filhos. Embora haja zelo e boa intenção no coração delas, essa não foi a tática que o Senhor me deu. A estratégia que ele colocou em meu coração foi o *exemplo*. Entendi que se a minha filha me visse amar a Palavra e orar, ela faria o mesmo.

Nossas crianças prestam mais atenção ao que vivemos do que ao que dizemos. Elas observam, absorvem e imitam.

Lembro-me de orar em voz alta em casa, e foi nesse contexto que a Vitória, com apenas dois anos e meio de idade, começou a me imitar. Um dia, eu a vi andando de um lado para o outro, com as mãos levantadas, orando do seu jeitinho infantil. Essa cena me emocionou. Sabia que ela apenas reproduzia meus gestos, sem entender ao certo o que estava fazendo, mas um relacionamento com Deus estava sendo gerado ali.

Muitas vezes, ela me via fazer o devocional – quando paro tudo, leio a Bíblia e faço anotações – e, logo em seguida, pegava o caderninho dela e se sentava ao meu lado para fazer a mesma coisa. Com relação à igreja, sempre amei frequentar os cultos e tratei esse compromisso como algo especial. Ela cresceu vendo a igreja local como um lugar prazeroso, por isso nunca precisei convencê-la a frequentar nenhum culto. Ela se apaixonou pelo serviço no Corpo de Cristo porque viu isso em mim e em meu marido primeiro.

Já a minha filha mais nova sempre amou livros. Aonde quer que vá, a Isabela leva um livro com ela. E não são raras as vezes em que alguém se surpreende com isso. Recentemente, durante um voo, a Bela estava lendo um livro quando uma passageira se virou para mim e perguntou: "Como você conseguiu fazer com que uma criança se interessasse por livros?". Sorri e respondi: "É porque ela me vê lendo". A leitura em casa é algo natural. Portanto, ninguém precisa dizer a ela que ler é importante, ela simplesmente observa e reproduz.

O Senhor nos chamou para *sermos* antes de *fazermos*. Afinal, nosso testemunho fala mais alto do que qualquer ensinamento verbal. Já parou para pensar que o maior discipulado que você pode oferecer começa com o seu exemplo? Foi o que Jesus ensinou aos discípulos após lavar os pés deles: "[...] eu lhes dei o exemplo, para que, como eu fiz, vocês façam também" (João 13.15). Quantos homens e mulheres de Deus não foram influenciados pelo exemplo de mães e pais que demonstraram com sua vida o valor do testemunho verdadeiro?

Susanna Wesley é uma dessas pessoas. Ela foi mãe de 19 filhos, dos quais apenas dez sobreviveram à infância. Mesmo diante das dificuldades da maternidade numerosa e da situação financeira apertada, ela entendeu que sua casa era o seu principal campo ministerial. Toda semana, ela dedicava momentos para estar a sós com cada um dos seus filhos, para oferecer aconselhamento, ensino bíblico e discipulado pessoal. Susanna não apenas educava suas crianças; ela formava corações que amavam a Deus.

Além de sua dedicação à família, ela foi notada, em sua época, como uma mulher corajosa. Sem qualquer *status* oficial de pregadora ou líder, ela abriu as portas para cultos domésticos, reunindo dezenas de pessoas que vinham ouvir seus ensinos e ser abençoadas por meio de suas orações. Ela pregava, discipulava e pastoreava corações dentro das paredes de sua própria sala, movida não por títulos ou aplausos humanos, e sim por um senso de obediência e serviço ao Senhor.

Não foi à toa que John Wesley, fundador do movimento metodista e um de seus filhos, reconheceu abertamente a influência da mãe sobre sua vida e fé. Quando fui para Londres pela primeira vez, tive o privilégio de visitar a casa onde ele viveu e fiquei impressionada ao pensar como aquele lar foi o berço de um avivamento que alcançou o mundo. Tudo porque uma mulher entendeu que sua casa era o seu púlpito, e os filhos, seus primeiros discípulos.

Infelizmente, não são todas as mulheres que percebem o poder de influência que está nas mãos de uma mãe. É certo que nem todo filho se tornará um pastor, missionário ou líder espiritual. Mas quem sabe ele não chegará ao posto de presidente do Brasil, de juiz ou de professor e ajudará a formar gerações, de acordo com os princípios do Reino.

Não sabemos quem estamos formando, e é essa incerteza que precisa encher o nosso coração de esperança e reverência diante da missão que recebemos. Cada filho é uma semente de possibilidades eternas. O que hoje parece pequeno, cotidiano, pode se tornar amanhã uma árvore que oferece sombra e alimento para muitos. Quando uma mulher entende que a maternidade é um discipulado, tudo muda. Nada é pequeno quando visto à luz do propósito eterno.

## O INVERNO MATERNO

Com certeza você já ouviu que "a vida é feita de estações". Dias atrás, parei para refletir sobre essa ideia enquanto observava uma árvore. Pensei na razão de ela perder suas folhas no inverno. Por que motivo parecia tão "feia" e sem vida nessa época do ano? Fui atrás de respostas e encontrei a explicação de um estudioso que disse que a árvore não morre nessa estação; ela, na verdade, está poupando forças. Se insistisse em produzir folhas durante o rigor das baixas temperaturas, ela não resistiria ao clima e cairia rapidamente. Isso quer dizer que, nos dias frios, a árvore retém o que não deve expor prematuramente. Tudo permanece oculto, à espera do momento certo para se revelar, pois a primavera logo virá.

Para mim, a maternidade é uma temporada que nos convida para o nosso próprio inverno; um período em que, aos olhos alheios, podemos parecer invisíveis, desprovidas de beleza. Nosso vigor se encontra recolhido, e nossa vitalidade, escondida. Contudo, no fundo estamos preservando e, ao mesmo tempo, ganhando força.

No cotidiano da maternidade, às vezes a impressão é que estamos passando por um inverno que nunca acabará. O que não podemos esquecer é que não estamos apenas cuidando de uma criança. O que é feito no *secreto* da sua casa tem o potencial de impactar pessoas que você possivelmente nunca conhecerá. Cada troca de fralda, oração no berço e ensinamento é uma semente que o Senhor pode transformar em um grande movimento. Por isso, não subestime o inverno.

Digo por experiência própria. Eu fui uma grávida muito feliz; daquelas que acariciava a barriga o tempo todo, conversava com o bebê e se perdia em sonhos sobre cada detalhe da sua chegada. Cuidava de mim e daquela vida como se fosse um tesouro – o que, de fato, era. Porém, quando minha primeira filha nasceu, a realidade se impôs brutalmente, sem pedir licença.

Passei a primeira noite em claro após dar à luz à Vitória. Exausta, eu me sentei na cama, às três horas da manhã, com o coração acelerado, e me perguntei: "O que fiz da minha vida?". Naquele momento, a sensação era de que nunca mais dormiria de novo. E, de fato, nos primeiros dias, parecia que a previsão se confirmava. Toda vez que tentava comer um prato de comida, mal colocava a primeira garfada na boca e lá vinha o choro, como se minha bebê tivesse um dispositivo interno, programado para soar no exato instante que eu pensava em me cuidar um pouco. Foi no meio dessas pequenas renúncias diárias, desses "nãos" que precisei dizer a mim mesma, no *lugar secreto*, que o Pai começou a intensificar o processo de me moldar como uma mulher mais resiliente.

É por isso que hoje dou graças a Deus por tudo que vivi naquela fase e posso dizer com convicção que você, mulher, é mais feliz do que imagina. Mesmo sem perceber, está exatamente onde deveria estar. Esse é o seu lugar. Seja qual for a missão que o Senhor confiou a você neste momento, cumpra com toda a dedicação. Talvez surja um convite tentador – um retiro de três dias, uma conferência importante, um evento que parece imperdível – e você sinta aquele impulso de querer participar.

Nessa hora, busque discernimento para entender se, por mais incrível e cristão que seja o convite, é algo para você fazer agora ou uma fuga. Mães devem analisar cada proposta com cuidado: se seu bebê ainda for pequeno, se você estiver em uma fase que demanda mais presença do que movimentação, entenda que não perderá nada que Deus tiver reservado para você. Basta se alinhar à direção do Espírito Santo e você não perderá uma gota da presença de Deus.

Como pastora, muitas vezes aconselho mulheres que vivem um conflito interno entre o desejo de "estar em movimento" e a necessidade de "estar enraizadas" nesse momento único que é a maternidade. Eu as lembro que a vida é feita de fases e que essa é a hora do anonimato, quando Deus constrói o que nenhum palco, projeto ou conquista exterior poderia desenvolver nelas. É um período de lapidação, em que o altar é a rotina de cuidados com o bebê e o sacrifício é a entrega diária em amor.

Em casa, no *secreto*, quando não entendemos, não sabemos como lidar e não conseguimos ter a visão necessária para a temporada que estamos vivendo, encontramos no Senhor a única resposta que precisamos. A Palavra diz: "Porque, assim como os céus são mais altos do que a terra, assim os meus caminhos são mais altos do que os seus caminhos, e os meus pensamentos são mais altos do que os pensamentos de vocês" (Isaías 55.9). Deus sabe do que necessitamos. Corra para o colo do Pai e peça para que ele dê uma nova perspectiva sobre a estação que você tem vivido hoje. Não desperdice esse tempo. Seja fiel. Permaneça e, em breve, você verá a primavera florescer.

# CAPÍTULO 6

# Estacionamento e compras

"EXISTE ALGO EM
NÓS, MULHERES, QUE
CONSIDERO UMA
VERDADEIRA DÁDIVA:
A CAPACIDADE
DE NUTRIR."

Não sei você, mas confesso que sempre fugi de supermercados. Entre todas as tarefas, preferia qualquer outra: lavar a louça, varrer a casa toda, passar pano nos móveis ou o que for. Mas a ideia de ter de lembrar de cada item necessário para manter a casa inteira funcionando me parecia exaustiva. Quando imaginava uma lista interminável nas mãos e eu, de gôndola em gôndola, tentando encontrar cada produto, já me sentia pressionada. Talvez por isso o Telmo acabou assumindo essa função em casa por um período. No entanto, ao longo do tempo, a minha percepção foi mudando conforme percebia que Deus se revelava no cotidiano, até enquanto eu fazia compras.

Uma vez, no estacionamento de um supermercado em minha cidade, aconteceu uma situação inesperada. Já havia terminado de comprar o que precisava, colocado tudo no porta-malas, ajustado o cinto de segurança e me preparava para ligar o carro quando, de repente, ouvi batidas na janela ao meu lado. Assustada, virei o rosto e vi uma mulher, visivelmente emocionada. Saí para falar com ela e entender o que estava acontecendo. Em meio a lágrimas, ela me contou que, após a leitura de *Mulheres improváveis*,[1] seu casamento, que estava à beira do fim, começou a ser restaurado pelo Senhor. Conversamos por um tempo e orei por ela.

Quando voltei para o carro, ainda digerindo tudo aquilo, senti o Espírito Santo falar ao meu coração: "Você acabou de ser abastecida. Eu a trouxe até aqui para alimentar a sua alma". Essas palavras me atingiram em cheio, e foi assim que percebi como subestimamos circunstâncias comuns, pelas quais costumamos passar sem esperar nada além do óbvio. Existem segredos escondidos nos lugares que parecem não ter nada de especial. E quantas de nós, distraídas pela correria diária, não deixamos de nos atentar à voz de Deus nesses lugares?

Temos a tendência de limitar o agir do Senhor a contextos considerados sagrados. Contudo, ele usa qualquer ambiente para se revelar a nós e continua levantando mulheres comuns em contextos comuns para estabelecer seu Reino na Terra. Sempre que reflito sobre isso, volto ao texto de Provérbios 31. No versículo 14, a Palavra diz que a mulher virtuosa "é como o navio mercante: de longe traz o seu pão". Ou seja, ela é quem traz mantimentos ao lar.

Existe algo em nós, mulheres, que considero uma verdadeira dádiva: a capacidade de nutrir. Já comentei um pouco sobre essa característica

---

[1] MARTINELLO, Viviane. *Mulheres improváveis*. 1. ed. São Paulo: Vida, 2022.

feminina no capítulo anterior, mas gostaria de me aprofundar aqui, pois isso se estende para além da criação de filhos. Somos, por natureza, aquelas que nutrem, que produzem com o próprio corpo um alimento físico para os bebês. Só que, além disso e mesmo muito antes de ser mãe, somos capazes de suprir emocional e espiritualmente as pessoas que nos cercam. Não estou dizendo que a mulher é melhor do que o homem. Longe disso. Não é uma competição de capacidades; cada um tem funções diferentes e complementares. E, dentro do projeto do Senhor, percebo que fomos agraciadas com o poder da nutrição.

Embora já soubesse disso, foi no último ano que tive a comprovação dessa verdade, ao enfrentar um problema de saúde bem sério. Após uma batelada de exames e avaliações clínicas, recebi uma notícia que me pegou totalmente desprevenida. A médica responsável pelo meu caso recomendou a retirada do meu útero por meio de uma cirurgia. Eu não sabia nem o que pensar naquela hora.

Ainda atordoada com a possibilidade dessa intervenção, fui aconselhada a buscar uma segunda opinião. E assim o fiz. Marquei uma consulta com outra profissional, e, para minha surpresa, a conversa foi diferente. Ela disse que a cirurgia não era, necessariamente, a única saída. Se eu estivesse disposta a fazer mudanças em minha alimentação e a incorporar atividades físicas em minha rotina, as chances de reverter o quadro eram consideráveis.

Até ali, a alimentação em casa seguia um padrão comum, sem grandes preocupações com escolhas supersaudáveis. Só que, quando decidi mudar, fui extremamente radical. Não optei por um período de adaptação que aconteceria pouco a pouco; virei a chave de uma vez. Substituí minha alimentação inteira, cortei muitos alimentos que sempre fizeram parte do nosso cotidiano e adaptei uma série de hábitos. O impacto foi imediato.

A princípio, eu preparava refeições separadas para a Isabela e o Telmo, porque fiquei preocupada de não aceitarem uma transformação tão brusca. Porém, comecei a perceber algo curioso: os dois se interessavam pelo que eu estava comendo. Aos poucos, sem que precisasse insistir ou forçar qualquer comportamento, vi minha filha e meu marido experimentando cada vez mais as novas opções que eu incluía no meu prato. Até que, um dia, disseram que eu não precisava mais cozinhar refeições à parte. Eles queriam comer o mesmo que eu.

A mulher realmente influencia na nutrição da família de maneira natural. E não me refiro só às nutricionistas ou profissionais da área da saúde, que, claro, têm um maior conhecimento técnico sobre alimentação. Estou falando da mulher comum, como eu e você, que talvez não tenha uma formação específica nessa área, mas, ainda assim, exerce influência sobre o que é servido à mesa da sua casa. Somos nós que decidimos o que será servido no café da manhã, no almoço e no jantar. Escolhemos o tipo de alimento colocado na mesa, a variedade, qualidade, e até o horário das refeições; tudo isso passa pelas nossas mãos.

Nada é por acaso, pois sabemos que há um instinto que nos leva a buscar o melhor para a nossa família. Eu me lembro de uma fase na qual procurei estudar sobre os efeitos da gordura trans e dos alimentos ultraprocessados no organismo humano. Lia artigos, assistia a palestras e buscava compreender melhor como tudo isso impactava a nossa saúde. Descobri que esses produtos invadem nosso dia a dia com disfarces de praticidade e sabor, mas, na verdade, são muito perigosos quando consumidos em excesso.

Então, um dia, estava andando pela casa e vi a minha filha, Isabela, comendo uma bolacha recheada. Aquilo me causou um desconforto enorme, pois eu havia me aprofundado no assunto e sabia o quanto aquilo que parecia tão inofensivo poderia, a longo prazo, prejudicar a vida de quem tanto amo. Logo em seguida, minha ficha caiu e entendi que, se eu não comprasse aquele tipo de produto, isso não seria mais consumido em casa. Pois é, muitas vezes, a mudança significativa que o Senhor deseja realizar em nossa vida – e até em nossa casa – pode começar no corredor de um mercado, onde decidimos o que comprar.

Mulher, você foi chamada para preencher a despensa da sua casa, para nutrir o coração e a alma da sua família. O abastecimento que você oferece não se limita a alimentos físicos, mas se estende às palavras que você diz, como a Bíblia nos ensina: "Do fruto da boca o coração se farta; do que produzem os lábios ele se satisfaz. A morte e a vida estão no poder da língua; quem bem a utiliza come do seu fruto" (Provérbios 18.20-21). Por isso, precisamos ser intencionais com cada escolha que fazemos para o bem da nossa casa, em especial do que sai da nossa boca. O alimento emocional que entregamos é tão essencial quanto o que colocamos no prato.

Assim, é importante pensarmos sobre a fonte que tem nos suprido. Afinal, aquilo que transborda de nós é o reflexo direto do que temos permitido entrar em nosso interior. Mateus 12.34 nos lembra: "[...] a boca fala do que está cheio o coração". O que você tem consumido? A quem tem escolhido seguir? Em que tem parado para prestar atenção? Essas são perguntas que precisamos fazer a nós mesmas com seriedade e responder com sinceridade. Se estamos nos alimentando de palavras vazias, exemplos que não edificam, fofocas e lixo, será impossível transbordar algo diferente sobre aqueles que nos cercam.

O que consumimos não fica retido dentro de nós; naturalmente se espalha para quem convive conosco. A consciência de que somos uma fonte para a nossa família e amigos aumenta nossa responsabilidade em escolher com sabedoria o que deixamos entrar em nossa vida. É por esse motivo que devemos nos abastecer no *lugar secreto*, onde recebemos o que é puro, verdadeiro e capaz de guiar nossas decisões diárias. Nesse *lugar*, somos preenchidas e encontramos os recursos necessários para nutrir corretamente quem amamos.

Outro dia, li o comentário de uma mulher em uma postagem: "Queria ouvir mais sobre Jesus aqui nesse perfil". Em resposta, alguém comentou: "Se você quer ouvir mais sobre Jesus, saia das redes sociais e vá ler a Bíblia". Aquilo me fez pensar: quantas vezes procuramos ser preenchidas e saciar nossos vazios longe da presença de Deus? Talvez você já tenha tentado encontrar satisfação em falsos prazeres momentâneos, comendo compulsivamente, falando mal dos outros ou comprando roupas novas de maneira descontrolada, por exemplo. É fácil cair nessa armadilha e acreditar que ela trará paz para a nossa alma. Mas a verdade é que existe um espaço dentro de nós que só Deus pode ocupar. Nenhuma vitrine, notificação, conta bancária ou sacola cheia de compras de supermercado é capaz de suprir o anseio que temos no coração.

Essa busca desenfreada por prazer e satisfação só confirma o quanto o mundo precisa de Cristo. Como filhas de Deus, temos responsabilidades e precisamos derramar graça sobre a vida das pessoas; afinal, todas nós fomos chamadas a anunciar o Evangelho. Para isso, não podemos andar com o "tanque" vazio ou na reserva. Temos de estar cheias do Espírito Santo. Não há como oferecer o que não temos. Se o que carregamos é apenas algo que não nutre de verdade, ou pior, lixo, o que ofereceremos será exatamente assim. É como tentar servir água de um cântaro seco: por maior boa vontade que exista, nada sairá dali. Por outro lado, se dermos espaço para que Cristo nos preencha com sua doce presença, derramaremos sua vida e alimento fresco para todos ao nosso redor.

## A MESA

Quando servimos comida à mesa, não estamos oferecendo só alimento físico. Tudo o que fazemos nesse tempo – o nosso comportamento, o tom de voz, expressões – comunica algo coisa. A verdade é que a mesa da família é muito mais do que um móvel no qual nós nos apoiamos para saciar a fome; é parte de um momento santo em que valores, amor e segurança são transmitidos, muitas vezes sem que nenhuma palavra seja dita.

Eu e o Telmo sempre tivemos o cuidado de jamais permitir que o momento das refeições se transformasse em um campo de batalha ou um espaço para resolver pendências. Fosse um problema conjugal, um desafio no ministério ou até mesmo questões no relacionamento com os filhos, nós compreendíamos que a mesa não era o lugar apropriado para confrontos ou tensões. Para nós, era uma oportunidade de perguntar como havia sido o dia de cada um, de traçar novos planos para o futuro ou sonhar juntos com a próxima viagem em família.

Este é o alimento invisível que servimos: palavras de apoio, olhares acolhedores, gestos que dizem "Você é importante para esta família!". Além da comida preparada com carinho, servimos também esperança, amor e a certeza de que nossa casa é um refúgio seguro. Ali, nosso cônjuge se lembra de que existe um elo de amor e nossos filhos compreendem que pertencem a um lugar onde são vistos e ouvidos. Portanto, repito: devemos estar atentas ao que consumimos. Se não estivermos bem emocionalmente, é muito provável que, sem perceber, adoeçamos nosso lar.

Aprendi algo há muitos anos e tenho procurado guardar até hoje: *uma mulher curada cura*. Já repeti essa frase em vários lugares e acredito que vale a pena reforçar aqui também. Quando uma mulher decide enfrentar suas dores e permite que Deus a trate, a transformação que ocorre dentro dela se espalha como ondas, alcançando e restaurando quem está em volta. A mudança que começa no íntimo gera frutos que florescem na família, nas amizades, nas relações profissionais e em todos os âmbitos da sua vida.

Depois de começar o tratamento por meio da alimentação, recuperei minha saúde e iniciei um processo de cura que se espalhou para além de mim. No fim das contas, não precisei remover meu útero, graças a Deus. Ele está limpo e curado, e essa vitória foi resultado direto da decisão de assumir um compromisso radical com a minha saúde. Ao cuidar do meu corpo, percebi que também estava tratando a minha vida como um todo. E, como mencionei, o que Deus começou em mim se espalhou por toda a família. As mudanças nas minhas escolhas diárias refletiram na saúde e bem-estar do meu marido, da minha filha mais velha e, mais tarde, da mais nova. Como se não bastasse, a corrente de transformação continuou fora de casa. Amigas próximas foram impactadas pelo meu testemunho e começaram a repensar suas escolhas com relação à saúde. Essa é a força de uma decisão bem-alinhada; ela não fica restrita a quem a toma.

Da mesma forma que a cura física é capaz de transformar a nossa vida, a emocional também é. Quando uma mulher se permite ser curada emocionalmente, ela encontra paz e gera um ambiente mais saudável para todos. Agora, é importante dizer: doenças emocionais e mentais existem. Reconhecer essas condições não é motivo de vergonha. Se buscamos ajuda médica ao sentir dores físicas, quando uma situação não vai bem em nosso corpo, por que não devemos ter a mesma disposição para cuidar da nossa mente e do nosso coração? Infelizmente, ainda existem pessoas resistentes à ideia de procurar um psicólogo ou psiquiatra quando percebem sinais de esgotamento emocional, ansiedade, tristeza profunda ou desânimo. Há um medo sem justificativa, um receio que precisa ser quebrado.

Com todo carinho, respeito e responsabilidade: se perceber algum desses sintomas, procure ajuda. Busque apoio profissional, caso necessário – de preferência alguém que esteja alinhado à sua fé. Nós não precisamos nos alimentar bem para fortalecer o corpo? Pois bem, também temos de nos preocupar com os nossos pensamentos e emoções. Às vezes, o que mais necessitamos é de um descanso mental, de um espaço seguro para reorganizar a cabeça, aliviar o peso e reencontrar o equilíbrio. Cuidar da saúde emocional é tão importante quanto cuidar da saúde física.

Sempre que nos planejamos e partimos para uma viagem, por exemplo, percebo como esses momentos são bons. É curioso como muitas pessoas comentam: "Mas viajar cansa tanto!". E, de certa forma, elas têm razão. Existe, sim, um desgaste físico envolvido – arrumar e desarrumar malas, enfrentar longas horas na estrada ou no aeroporto, cuidar da logística, prestar atenção nas crianças, lidar com imprevistos e cumprir uma agenda de passeios que, por mais prazerosa que seja, exige disposição. O corpo se cansa, mas a mente descansa. Mesmo em meio à correria típica da viagem, ela encontra uma pausa e se renova.

O descanso mental não é um luxo, é uma necessidade real e, muitas vezes, urgente. Ignorar isso pode nos levar ao cansaço extremo. Então, pouco a pouco, vamos nos tornando impacientes, sem criatividade e até mesmo indiferentes às pequenas alegrias que antes nos enchiam de entusiasmo. É óbvio que nem sempre teremos a chance de viajar. Mas podemos encontrar meios de recuperar a saúde da mente em nosso dia a dia, talvez até realizando uma atividade física. Quando calço meu tênis, visto minha roupa de corrida e coloco meus fones de ouvido, as tensões acabam, os pensamentos ansiosos perdem força e tudo o que passa a existir é o presente. Começo a competir comigo mesma. É um desafio interno, um exercício de superação pessoal. A cada quilômetro vencido, fortaleço meu corpo e recarrego a bateria da minha mente.

Se chamo uma amiga para um café, sei que o encontro vai além do que escolhemos para beber e comer. É um momento de troca, para abrirmos o coração sem pressa, formalidades ou máscaras. Às vezes, precisamos colocar para fora certos sentimentos. E o mais bonito é o quanto aprendemos com o outro. Em meio à conversa, enquanto a amiga compartilha suas próprias experiências, conseguimos finalmente compreender emoções que estavam embaralhadas dentro de nós.

Uma vez, enquanto aguardava uma ponte aérea em um aeroporto, observei o movimento dos aviões e notei algo curioso. Meu avião, que era enorme, havia parado para ser reabastecido. O responsável? Um caminhão de combustível minúsculo – se comparado ao tamanho da aeronave. Senti, então, Deus ministrar dentro de mim: "Não é de muitos que você precisa. São apenas as pessoas certas, nos lugares certos, trazendo o reabastecimento necessário". Aquilo ficou gravado em meu coração. Não precisamos da pregadora mais conhecida do país sentada à nossa mesa, nem da pessoa mais influente nos seguindo nas redes sociais. O que realmente importa é ter por perto as pessoas certas, que conhecem nossa história, não têm medo de falar a verdade e sabem exatamente o que dizer para nos trazer alinhamento.

Às vezes, o meu lugar de reabastecimento é a presença de uma senhora de 93 anos: minha avó. Basta eu me sentar na frente dela para ser reabastecida, e tudo se alinha novamente. Só de pensar nela, meus olhos se enchem de lágrimas, porque sei o valor que esses encontros têm, ainda mais em meio à correria desenfreada que tantas vezes nos faz esquecer de quem realmente somos. Cada momento que vivemos com as pessoas que conhecem nossas raízes são verdadeiros refúgios, em que podemos abaixar a guarda e reencontrar o fio da nossa própria história. Esses são os "estacionamentos" da vida: quando paramos para reabastecer e calibrar.

Assim como um carro não anda sem combustível – até mesmo os elétricos precisam parar para ser recarregados –, nós também não conseguimos seguir sem pausas intencionais. A vida exige bastante de cada uma de nós, o tempo todo. Por isso, cuidar do corpo e das emoções é necessário. Não podemos esquecer, porém, que tudo começa no espírito.

Muitas pessoas vivem um vazio espiritual porque negligenciam essa área. E o mais curioso – e preocupante ao mesmo tempo – é que, na maioria dos casos, quem mais precisa de reabastecimento é quem mais tem dificuldade em reconhecer. Eu me refiro a líderes, ministros, conselheiros e pessoas que exercem algum tipo de influência sobre as outras. Existe um perigo sutil em ocupar demais o papel de quem fala, aconselha e ensina, a ponto de se esquecer de parar para ouvir.

O Senhor, no entanto, é fiel em providenciar tudo o que precisamos. Isso é válido em todos os sentidos, incluindo o preparo para discernir e cumprir a missão que ele mesmo nos confia. Creio que Deus tem reservado um "Ananias" para cada "Paulo" desta geração. Imagino que você conheça a história, no livro de Atos – se não, pare por um instante para ler. Saulo, que se tornaria o apóstolo Paulo, era um homem zeloso, mas completamente equivocado em sua missão.

Antes de conhecer a Cristo, ele acreditava estar servindo a Deus ao perseguir cristãos, convencido de que sua violência era um ato de fidelidade. Então, aconteceu o encontro que mudou tudo. No caminho para Damasco, ele foi surpreendido por uma luz intensa, caiu por terra – uma queda literal, sim, mas também simbólica – e ficou cego. Em um instante, ele perdeu todo o controle que julgava ter. O perseguidor agora precisava ser conduzido pela mão.

E quem foi o escolhido do Senhor para conduzir Paulo? Ananias, um homem piedoso, que atendeu ao chamado de ir até ele. Acredito que nossas quedas e momentos de fragilidade nos abrem os olhos para lições essenciais, entre elas a importância de ouvir aqueles que Deus coloca em nosso caminho. Por isso, encorajo você a não subestimar a voz dos improváveis. Pare para escutar e dê espaço para que o Pai fale com você por meio dos instrumentos que ele escolher.

Esse é, aliás, um verdadeiro reabastecimento espiritual. Contudo, o fundamental em nosso dia a dia é aquele que acontece no *lugar secreto*, quando nos desconectamos das distrações do mundo e reconhecemos que a nossa alma necessita ser renovada na presença de Deus. Se eu pudesse dar um conselho, diria: não espere chegar ao ponto de precisar que alguém corra com um galão de emergência para reabastecer sua vida e ajudá-la a seguir rumo ao próximo estágio. Não viva no limite da reserva emocional, espiritual ou física. É claro que não estou me referindo aos momentos em que Deus usa pessoas para nos socorrer – como aconteceu no caso de Paulo e Ananias, isso é graça –, mas sim ao hábito perigoso de negligenciar o cuidado diário.

Esteja atenta aos sinais do seu "monitor interno". Assim como um carro avisa antes que o motor pare, emitindo a luz do tanque de combustível, nossa alma revela sinais bem claros quando precisa ser reabastecida: irritabilidade inexplicada, vontade repentina de desistir, desejo de se isolar ou permanecer na cama sem ânimo para se levantar. Esses alertas indicam que uma área da vida pede por atenção com urgência, e eles não podem ser ignorados. Afinal, para cuidar dos outros, você deve cuidar de você mesma primeiro.

Somos formadas por três partes, e cada uma requer seus cuidados. Se negligenciamos alguma, comprometemos o equilíbrio que o Senhor estabeleceu. O *corpo*, conforme a Palavra nos ensina em 1Coríntios 6.19-20, é o templo do Espírito Santo. A *alma* é a dimensão que precisa ser transformada pela Palavra de Deus o tempo todo (cf. Romanos 12.2). O *espírito*, regenerado pelo novo nascimento em Cristo, é o que nos conecta diretamente a Deus. Como está escrito em João 3.6: "O que é nascido da carne é carne, e o que é nascido do Espírito é espírito". Não é à toa que a Bíblia nos ensina a respeito da importância de buscar a santificação integral: "O mesmo Deus da paz os santifique em tudo. E que o espírito, a alma e o corpo de vocês sejam conservados íntegros e irrepreensíveis na vinda de nosso Senhor Jesus Cristo" (1Tessalonicenses 5.23).

Uma vez, experimentei um cansaço mental muito intenso. Foi na época em que gravei as primeiras aulas do *Casa de Isabel*. Em apenas um ano, produzi 275 aulas, sem contar as *lives* e outros compromissos que surgiam. Até então, ainda não sabia o que era, de fato, desgaste mental. Para mim, cansaço era algo físico que se resolvia com um boa noite de sono. No entanto, o tipo de esgotamento que eu estava sentindo era diferente.

O que acontece com um celular quando sua bateria acaba? Para de funcionar. Foi basicamente o que aconteceu comigo. Não conseguia mais "funcionar" normalmente. Atividades simples, que antes realizava com facilidade, começaram a se tornar pesadas e confusas. O que mais me assustou foi a perda de memória. Durante ministrações, iniciava uma linha de raciocínio e, de repente, não conseguia lembrar para onde estava indo com aquela mensagem. Eu me via diante das pessoas, com o microfone na mão, e, ao mesmo tempo, completamente perdida.

Foi um *burnout* severo. Mas, mesmo nesse estado de exaustão, sentia vergonha de pedir ajuda. Dentro de mim, havia uma crença distorcida.

Acreditava que se eu me encontrava assim, tão cansada e vazia, era porque não estava buscando ao Senhor como deveria. Carregava essa culpa por pensar que tudo era fruto de uma falha espiritual minha. A situação chegou a um ponto tão crítico que até orar se tornou um fardo. Não conseguia elaborar pensamentos coerentes nem encontrar palavras para falar com o Senhor.

Então, pela primeira vez, tive a coragem de buscar apoio. Entendi que meu cansaço mental precisava ser tratado com seriedade e iniciei um processo de terapia. Logo nas primeiras sessões, uma pergunta da minha psicóloga me desarmou completamente: "O que você ama fazer?". Não soube o que responder. Percebi que não sabia mais do que gostava e que havia abandonado meus *hobbies*. Minha vida havia se resumido a família, ministério e trabalho. Eu me entregava tanto às demandas dos outros que, sem perceber, esquecia de mim. Tudo o que era meu foi ficando para trás, sufocado pelas obrigações.

Conversando com ela, eu me lembrei de como sempre fui uma pessoa ligada ao trabalho manual. Amava fazer artesanato, mas, com o passar do tempo, essa parte de mim foi deixada de lado. Também era fascinada pelo mundo da moda. Gostava de estudar tendências, estilos, a história da moda e assim por diante. Contudo, havia parado de me dedicar a isso, como se não houvesse mais espaço para nada que não fosse urgente ou "necessário". Na ânsia de dar conta de tudo, ser produtiva e corresponder às expectativas, fui me apagando, pouco a pouco.

Minha psicóloga disse: "Para a sua saúde hoje, você vai precisar se reabastecer das coisas que gosta. E isso não é pecado". Ouvir essas palavras foi libertador. A partir daquele momento, comecei a recuperar minha saúde mental. Retomei atividades que me alegravam e me permiti voltar a fazer o que amava, sem culpa. O mais interessante é que esse processo me fez perceber que existem muitas mulheres hoje que estão sofrendo por acreditarem que seus problemas são apenas espirituais, quando, na verdade, o que enfrentam é uma fadiga mental. Não é falta de fé ou devoção a Deus. É uma necessidade real de ajuda, de cuidado emocional ou até de tratamentos médicos.

Reconhecer isso requer humildade, e sei que não é fácil admitir que chegamos ao nosso limite. Vivemos sob uma pressão silenciosa e até impiedosa para sermos "supermulheres", como se pudéssemos dar conta de tudo, o tempo todo, sem nunca falhar ou cansar. Mas a verdade é que aceitar ajuda ou perceber que é hora de descansar não diminui sua força, muito menos invalida sua espiritualidade. Uma das barreiras mais difíceis que precisei enfrentar para buscar tratamento foi o orgulho, que vinha acompanhado de um medo do que outros poderiam pensar. Temia que dissessem coisas como: "Ela não é tão crente assim", "Como assim, uma pastora que prega para tanta gente fazendo terapia?".

Por muito tempo – e, em alguns contextos, ainda hoje –, um estigma pairou sobre a Igreja: a ideia de que problemas mentais eram, na verdade, falta de Deus. Crises emocionais, episódios de ansiedade, depressão, esgotamento ou pânico eram tratados com desconfiança espiritual. Quem sofria com essas questões era visto como alguém fraco espiritualmente, que não orava o suficiente ou não confiava de verdade no Senhor. Infelizmente, essa visão causou muito sofrimento e isolou pessoas que precisavam de suporte e acolhimento.

Vejo que, embora tenhamos avançado em muitos aspectos, existem resquícios dessa mentalidade. Precisamos entender que há uma diferença entre o que é um desafio emocional momentâneo, próprio da vida humana, e o que é patológico. Em muitos casos, estamos lidando com desequilíbrios químicos no cérebro, alterações hormonais, histórico familiar, traumas não resolvidos – condições reais que precisam ser devidamente tratadas. Por isso, discernir é tão importante. Nem toda ansiedade é sinal de incredulidade; nem toda tristeza é falta de oração.

Está tudo bem admitir que existem carências em nós. Às vezes, o que sentimos hoje é reflexo de feridas não resolvidas na infância ou adolescência. Sem perceber, carregamos esses buracos emocionais por conta do que nos faltou lá atrás – talvez a ausência de afirmação, a escassez de amor ou atenção, e por aí vai. Crescemos tentando preencher essas lacunas de formas que só geram mais vazio. Mas se ao olhar para você mesma percebe algumas dessas áreas fragilizadas, saiba que é possível tratá-las. Procure discernir, quem sabe com a ajuda de uma boa conselheira, quais aspectos da sua vida – corpo, alma e espírito – precisam de recuperação e comece o quanto antes seu processo de cura. Depois, quando estiver bem, pense em como pode melhorar ainda mais e ajudar quem precisa.

Por fim, lembre-se: o *lugar secreto* também é um lugar de abastecimento. Por mais que precisemos de socorro, correções, tratamentos e alinhamentos aqui e ali, nada e ninguém pode substituir nosso tempo com Deus. Cuide da sua saúde, coma bem, pratique exercícios, tome os suplementos necessários, mas não deixe de buscar ao Senhor no *secreto*. Faça terapia, participe de cultos cheios da presença do Espírito, frequente retiros, mas, sobretudo, preserve seu espaço de intimidade com o Pai. Pessoas podem ser canais de bênção em sua vida. Tratamentos podem ser necessários e eficazes. Porém, é do Senhor que precisamos todos os dias.

Mulher, não se conforme com migalhas ou com reabastecimentos ocasionais. Você não foi criada para viver de sobras emocionais ou espirituais nem para sobreviver apenas com pequenas doses de ânimo de tempos em tempos. Existe uma mesa farta posta no *lugar secreto*. Essa consciência deve gerar em você uma nova postura: vigilância sobre o que tem alimentado sua mente e coração, responsabilidade sobre o que transborda sobre os outros, coragem para buscar ajuda quando necessário e, acima de tudo, devoção para se render diante do Senhor.

"VOCÊ NÃO FOI
CRIADA PARA
VIVER DE SOBRAS
EMOCIONAIS OU
ESPIRITUAIS NEM
PARA SOBREVIVER
APENAS COM
PEQUENAS DOSES
DE ÂNIMO DE
TEMPOS EM TEMPOS.
EXISTE UMA MESA
FARTA POSTA NO
*LUGAR SECRETO*."

# CAPÍTULO 7

# Uma conversa entre Marta e Maria

“AS MULHERES QUE DECIDEM VIVER NO *SECRETO*, QUE ESCOLHEM PRIORIZAR A PRESENÇA DO SENHOR, TERÃO DE LIDAR COM A PRESSÃO SOCIAL.”

Em Lucas 10, a Bíblia conta uma história que eu amo:

E QUANDO ELES SEGUIAM VIAGEM, JESUS ENTROU NUMA ALDEIA. E CERTA MULHER, CHAMADA MARTA, HOSPEDOU-O NA SUA CASA. MARTA TINHA UMA IRMÃ, CHAMADA MARIA, QUE, ASSENTADA AOS PÉS DO SENHOR, OUVIA O SEU ENSINO. MARTA AGITAVA-SE DE UM LADO PARA OUTRO, OCUPADA EM MUITOS SERVIÇOS. ENTÃO SE APROXIMOU DE JESUS E DISSE: — O SENHOR NÃO SE IMPORTA COM O FATO DE MINHA IRMÃ TER DEIXADO QUE EU FIQUE SOZINHA PARA SERVIR? DIGA-LHE QUE VENHA ME AJUDAR. MAS O SENHOR RESPONDEU: — MARTA! MARTA! VOCÊ ANDA INQUIETA E SE PREOCUPA COM MUITAS COISAS, MAS APENAS UMA É NECESSÁRIA. MARIA ESCOLHEU A BOA PARTE, E ESTA NÃO LHE SERÁ TIRADA.

**Lucas 10.38-42**

Sempre que leio essa passagem, imagino Marta entrando na sala irritada, pensando: "Pronto, minha irmã virou visita". A sensação de que alguém da própria casa se comporta como se não tivesse responsabilidade alguma é familiar para muitas de nós. Talvez você já tenha vivido algo parecido: um convidado chega e, de repente, quem deveria ajudar simplesmente desaparece ou se acomoda, deixando você sobrecarregada, lutando para manter a postura enquanto disfarça o incômodo.

Você precisa de ajuda, mas se sente constrangida em revelar qualquer desconforto na frente dos outros. Então respira fundo, dá um sorriso e continua. Marta talvez tenha gesticulado discretamente para Maria, para que percebesse que deveria ajudar em alguma tarefa, mas acabou frustrada. Imagino que, ao se ver ignorada pela irmã, não tenha pensado duas vezes. Foi direto até Jesus e, crendo que estava coberta de razão, disse: "O Senhor não se importa com o fato de minha irmã ter deixado que eu fique sozinha para servir? Diga-lhe que venha me ajudar" (v. 40). Sua decepção transbordou em palavras indignadas.

Esse momento da narrativa mostra uma tensão que muitas de nós vivemos: o peso da expectativa alheia. As mulheres que decidem viver no *secreto*, que escolhem priorizar a presença do Senhor, terão de lidar com a pressão social. Em qualquer fase da vida ou contexto – familiar, ministerial, profissional –, iremos nos deparar com cobranças externas, olhares que esperam alguma coisa de nós que talvez não estejamos prontas ou dispostas a entregar.

Mais do que isso: você e eu decepcionaremos pessoas. Não importa o quanto tentemos agradar ou corresponder, a frustração faz parte da nossa vida. Nós também acabaremos desapontadas com muitas delas. As *mulheres do secreto* inevitavelmente terão de ir contra a maré muitas vezes; afinal, as direções que Deus nos dá podem ser consideradas ousadas ou incompreensíveis. Nem sempre elas fazem sentido para quem olha de fora, o que, por si só, já é motivo de estranhamento ou crítica. *Mulheres do secreto* têm comportamentos diferentes porque vivem conforme outra lógica, outra frequência. Não gastam seus dias agradando a plateia, mas obedecendo a uma voz que nem todos se dispõem a ouvir.

Enfrentaremos olhares curiosos, especialmente quando fazemos algo inusitado, como parar – ainda mais diante de uma sociedade que idolatra a produtividade. O tempo todo, há uma cobrança, implícita ou explícita, para que estejamos fazendo algo, produzindo, mostrando resultados. Contudo, a *mulher do secreto* entende que não é o quanto ela faz que determina seu impacto, mas o quanto ela se rende.

Seu valor está na qualidade da sua obediência. Não se trata de estar ocupada, e sim de fazer exatamente o que Deus a chamou para fazer – no tempo certo, da maneira certa. Há momentos em que o Céu nos direciona a parar e esperar. Nessas horas, a expectativa humana tende a se manifestar em forma de cobranças disfarçadas de preocupação. Lidaremos com frases que tentam nos empurrar de volta ao ritmo frenético: "Nossa, pensei que você fosse fazer tal coisa" ou "Poxa, achei que você aceitaria esse convite". E se não estivermos alinhadas com o Céu, cederemos às pressões. O *secreto*, porém, nos calibra e afina por dentro, nos ensina o discernimento para saber quando agir ou recuar, quando falar ou calar. Ali, encontramos equilíbrio para viver segundo a vontade de Deus.

Anos atrás, por volta de 2006 ou 2007, vivi uma situação que mexeu muito comigo. Naquele tempo, havia um grande movimento de shows evangélicos no Brasil. Como a minha cidade era pequena, toda vez que algum evento acontecia em uma região próxima, todos se mobilizavam para ir. Naquela ocasião, uma amiga tinha me convidado para participar também e até me oferecido uma carona. Fiquei empolgada e comecei a me preparar para comprar o ingresso. Só que, antes, parei para orar.

Sempre tive o hábito de apresentar ao Senhor todas as decisões, mesmo as mais simples. Foi nesse momento de oração que algo inesperado aconteceu. Senti Deus falando ao meu coração: “Não quero que você vá”. Não havia nada de errado com o evento. Não tinha a ver com o lugar ou as pessoas que estariam lá. Era uma direção pessoal e específica. O Senhor não me deu uma razão, apenas um direcionamento: “Não vá”.

Precisei dizer “não” à minha amiga. Ela já havia contado com a minha presença, estava animada e provavelmente não entenderia aquele “não”. De fato, ficou decepcionada. Mas, ainda assim, escolhi obedecer, porque tinha a certeza de que aquilo agradaria ao coração de Deus.

As *mulheres do secreto* aprendem esse tipo de renúncia. Elas sabem que nem sempre serão entendidas e que, ao escolherem obedecer à voz do Pai, podem parecer erradas aos olhos dos homens. Está tudo bem.

A frustração é inevitável, não importa o quanto tentemos fugir. Mas, antes de falarmos sobre o que causamos nos outros, precisamos lidar com a nossa própria desilusão. Ela dói e é desconfortável. Tenho aprendido muito com o Senhor acerca disso. Se pararmos para analisar, ela é um presente disfarçado; é um tipo de bênção. Embora à primeira vista pareça um golpe no coração, ela tem a capacidade de nos tirar de um estado perigoso: a ilusão. Quando experimentamos desilusões, somos afastadas do engano ou fantasia. É difícil aceitar, mas esse processo é libertador. Deus, em sua sabedoria, muitas vezes permite certas situações como um ato de amor e cuidado.

Há momentos em que estamos empenhadas em algo que julgamos certo, bom ou necessário, mas que está nos distanciando do propósito do Pai. Insistimos em portas que ele já fechou e desejamos lugares que não foram preparados para nós. Como consequência, acabamos frustradas. Pessoas não respondem como imaginávamos e o que parecia certo acaba não acontecendo, e lá se vão nossos planos por água abaixo. Porém, nesse aparente fracasso, Deus está movimentando novos planos para a nossa vida.

Foi exatamente o que aconteceu com Marta naquele dia. Ela tinha uma noção equivocada sobre o que significava receber Jesus em sua casa. Para ela, a presença do Mestre exigia serviço. Acreditava que honra era sinônimo de fazer algo por ele – arrumar a casa, servir comida, cuidar dos detalhes. No entanto, o maior anseio do Mestre ia em outra direção.

Maria, por sua vez, teve a sensibilidade para entender a ocasião e percebeu que a melhor maneira de apreciar sua visita era dedicar total amor e atenção a ela. Em vez de se ocupar com afazeres, ela se lançou aos pés do seu amigo. Escolheu absorver cada palavra, afinal encontros com Jesus são únicos, por isso deveriam ser aproveitados ao máximo. As duas poderiam cozinhar outro dia. Haveria outras ocasiões para servir. Mas a oportunidade de desfrutar da sua presença não podia ser desperdiçada.

Naquele encontro, Jesus teve de frustrar Marta – algo que, sem dúvida, ela não esperava, pois estava certa de que ele iria defendê-la. Aos olhos humanos, sua postura era justa, porém a resposta foi completamente diferente: "Marta! Marta! Você anda inquieta e se preocupa com muitas coisas, mas apenas uma é necessária". O Mestre não disse isso porque queria envergonhá-la, e sim porque precisava ajustar sua percepção. Ela estava centrada na atividade, enquanto Jesus a chamava para a intimidade.

Às vezes, a decepção que o Senhor permite é exatamente o instrumento que ele usa para nos tirar de lugares onde já não deveríamos estar.

Marta precisou lidar com o fato de não ter correspondido ao que o próprio Mestre esperava dela. E, para mim, essa é uma das expectativas mais relevantes. É verdade que muitas vezes dizemos: "Não me importo com a opinião de quem não me conhece" e até conseguimos não nos abalar com certas críticas externas. Mas quando pensamos na expectativa de Deus sobre nós... isso pesa de forma diferente. Não como um fardo opressor, mas como uma bússola, pois saber que o Criador tem pensamentos a nosso respeito deveria nos fazer parar e perguntar: "Senhor, estou vivendo conforme o que espera de mim?". Encarar essa diferença entre o que achamos que o Senhor deseja e o que ele realmente quer exige humildade, discernimento, coragem para mudar de direção e muita fé.

Sempre que reflito sobre essas questões, eu me lembro da parábola da figueira plantada no meio da vinha:

> [...] CERTO HOMEM TINHA UMA FIGUEIRA PLANTADA NA SUA VINHA E, VINDO PROCURAR FRUTO NELA, NÃO ACHOU. ENTÃO DISSE AO HOMEM QUE CUIDAVA DA VINHA: "JÁ FAZ TRÊS ANOS QUE VENHO PROCURAR FRUTO NESTA FIGUEIRA E NÃO ENCONTRO NADA. PORTANTO, CORTE-A! POR QUE ELA AINDA ESTÁ OCUPANDO INUTILMENTE A TERRA?" MAS O HOMEM QUE CUIDAVA DA VINHA RESPONDEU: "SENHOR, DEIXE-A AINDA ESTE ANO, ATÉ QUE EU ESCAVE AO REDOR DELA E PONHA ESTRUME. SE VIER A DAR FRUTO, MUITO BEM. SE NÃO DER FRUTO, O SENHOR PODERÁ CORTÁ-LA."
>
> **Lucas 13.6-9**

Essa passagem bíblica me chama atenção por dois motivos. O primeiro é o cenário em que tudo acontece: uma figueira plantada no meio de uma vinha. Ela não estava em seu hábitat típico. Ela havia sido colocada em um solo fértil, pensado para o cultivo das videiras, mas que, ainda assim, oferecia todas as condições necessárias para frutificar. O problema é que ela não produzia fruto algum.

O segundo ponto é a expectativa do dono da terra. Ele não aparece como alguém impaciente ou impulsivo. Ao contrário, ele havia esperado por três anos – tempo suficiente para qualquer agricultor avaliar se uma árvore daria fruto ou não. Sua frustração, portanto, era compreensível. A cobrança não era injusta, já que ele não exigia um milagre ou algo mirabolante, apenas uma resposta coerente ao cuidado que havia sido investido.

Deus também tem expectativas sobre nós, e elas são coerentes com o que ele mesmo depositou em nosso interior. Como o agricultor justo, ele espera que tudo o que colocou em nossas mãos frutifique. Você se lembra da parábola dos talentos? Jesus conta a história de um senhor que, ao viajar, confiou a três servos quantias diferentes de talentos – cinco para o primeiro, dois para o segundo e um para o terceiro – "de acordo com a capacidade de cada um deles" (Mateus 25.15). Essa frase é central. O Senhor conhece nossa estrutura, ritmo e nível de maturidade; por isso, entrega responsabilidades e oportunidades de forma personalizada, ajustadas à nossa capacidade de administração.

Ele não exige mais do que somos capazes de carregar. Mas, ao mesmo tempo, quer que nos movamos para multiplicar cada talento. O servo que recebeu cinco negociou e conseguiu mais cinco. O que recebeu dois também foi fiel e multiplicou. Ambos ouviram do Senhor a mesma coisa: "Muito bem, servo bom e fiel; você foi fiel no pouco, sobre o muito o colocarei" (v. 21).

A fidelidade na administração do que recebemos é o que nos habilita a receber ainda mais. À medida que permanecemos comprometidas, o Senhor expande nosso potencial e coloca novas responsabilidades em nossas mãos. O que começa com dois talentos pode se tornar quatro; e o que hoje é uma pequena incumbência pode se transformar em algo grandioso, se formos fiéis no pouco.

No entanto, a parábola não termina por aí. As Escrituras relatam que o terceiro servo, que recebeu apenas um talento, escolheu enterrá-lo. Ele não o perdeu por acidente; ele o escondeu por medo, acomodação e uma visão distorcida a respeito do seu senhor. Essa atitude negligente fez com que aquele homem ouvisse: "Servo mau e preguiçoso!" (v. 26).

Deus espera algo de nós, porque ele sabe quem podemos nos tornar e o que somos capazes de realizar com ele. O que você tem feito com as expectativas divinas? Tem multiplicado os talentos que o Pai lhe confiou? Ou tem sido negligente?

Vivemos cercadas de expectativas por todos os lados: da sociedade, da nossa família, da igreja, dos nossos amigos e até mesmo da nossa própria idealização. Se não estivermos atentas, corremos o risco de sufocar quem realmente fomos criadas para ser. A *mulher do secreto* não é aquela que se esconde do mundo por insegurança, mas a que escolhe se afastar do barulho para ouvir a única voz que realmente importa. Nesse *espaço escondido*, ela começa a compreender o que Jesus quis dizer quando afirmou: "Eu sou a videira, vocês são os ramos. Quem permanece em mim, e eu, nele, esse dá muito fruto; porque sem mim vocês não podem fazer nada" (João 15.5). Essa é a chave. Quem permanece e se alimenta da raiz frutifica.

## MULHERES COMO MARIA

A cena na casa de Marta e Maria expõe algo bem humano: o conflito. O que parecia apenas uma diferença de comportamento se transformou em um embate. E, como em tantas situações da vida real, foi necessária uma intervenção externa para restaurar a paz. Nesse caso, o mediador foi o próprio Jesus, que não ignorou o que estava acontecendo nem tomou partido por conveniência. Ao contrário, ele colocou cada coisa em seu devido lugar.

O interessante é que essa passagem bíblica vai além de um atrito entre irmãs, pois o episódio revela a natureza dos conflitos que enfrentamos nos bastidores do cotidiano. Diferentemente do que podemos imaginar, os embates mais intensos nem sempre ocorrem "no mundo lá fora". Com frequência, acontecem dentro de casa, no círculo mais íntimo. Ali, nesse ambiente sensível, os ajustes divinos costumam se iniciar. Deus não ignora as tensões familiares, ele usa essas relações como um laboratório de transformação. É no espaço doméstico que o Senhor traz à tona o que precisa ser tratado e reordenado em cada uma de nós.

*Mulheres do secreto* entendem essa verdade. Elas aprendem a entregar suas tensões, embates e até incompreensões aos pés de Jesus para que ele intervenha. Não tentam vencer discussões por conta própria, porque sabem que agradar a Deus é mais importante do que qualquer outra coisa.

Talvez você esteja vivendo isso. Quem sabe esteja cercada de pessoas que não compreendem suas decisões, e tudo em você quer justificar, explicar, consertar o mal-entendido. Não entre em brigas assim.

Marta queria puxar Maria para sua lógica e urgência, mas se Maria tivesse cedido, teria desagradado o coração de Jesus. Muitas vezes, as pessoas agem como Marta. Apesar de nos amarem, de se preocuparem conosco e desejarem nosso bem, elas não têm clareza do que Deus está fazendo em nós. Suas expectativas se baseiam em suas próprias experiências e necessidades.

Eu me lembro de épocas específicas da minha vida em que o Senhor me deu direções claras que, aos olhos naturais, não faziam sentido. O mais difícil era lidar com a incompreensão dos familiares e amigos, para quem tudo parecia loucura, irresponsabilidade ou exagero. Contudo, eu sabia que era obediência.

Infelizmente, muitos adotam uma mentalidade que os aprisiona e ainda tentam limitar quem está por perto. Certa ocasião, li uma analogia muito interessante em um livro. O autor descreve a "mentalidade do balde de caranguejos". Segundo ele, quando vários caranguejos são colocados em um balde, não é necessário tampar o recipiente. Basta deixá-los ali. Toda vez que um tenta subir e escapar, os outros imediatamente o puxam de volta para baixo; nenhum permite que o outro saia.

Essa imagem é poderosa – e dolorosamente real. Já parou para pensar que é possível estar cercada por pessoas que preferem vê-la estagnada? Quando você começa a romper e dar passos de fé em direção ao chamado de Deus, é comum ouvir comentários desanimadores: "Você fará isso mesmo?", "Tem certeza de que é o tempo certo?", "Não seria melhor esperar mais um pouco?", ou aquele que vem com um tom de estranhamento: "Você está diferente". E sim, você está mesmo. Crescimento sempre muda algo em nós.

A verdade é que a mudança incomoda quem se acostumou com a estagnação. Quando Deus começa a nos movimentar, isso acaba expondo aqueles que decidiram permanecer parados, o que consequentemente gera desconforto. Nesse ponto, eu me lembro de outro trecho do livro:

> JESUS ENSINOU AOS SEUS DISCÍPULOS A DAR ESMOLAS EM SECRETO E A ORAR EM SECRETO E A JEJUAR EM SECRETO, PORQUE NESSES TRÊS CASOS ELE REPETIU A SEGUINTE CONSEQUÊNCIA: "E TEU PAI, QUE VÊ EM SECRETO, ELE MESMO TE RECOMPENSARÁ PUBLICAMENTE" (MATEUS 6.4; VEJA TAMBÉM V. 6 E 18). QUANDO ESSAS INSTRUÇÕES SÃO SEGUIDAS PELOS CRISTÃOS, ELAS SÃO UMA RECEITA GARANTIDA DE CRIAÇÃO DE INVEJA EM OUTROS. O QUE VOCÊ FAZ EM SECRETO NÃO É VISTO POR MAIS NINGUÉM ALÉM DO PAI CELESTIAL; MAS QUANDO ELE LHE RECOMPENSA ABERTAMENTE, AS RECOMPENSAS SÃO VISTAS PELOS HOMENS. OS HOMENS NÃO VEEM O PREÇO QUE VOCÊ PAGOU; ELES SÓ VEEM OS DIVIDENDOS RECEBIDOS. QUANDO ELES LHE VEEM SENDO ABERTAMENTE RECOMPENSADO, ELES NÃO COMPREENDEM QUE VOCÊ PLANTOU EM SECRETO, ENTÃO A PRIMEIRA REAÇÃO QUE TÊM É A INVEJA. QUANDO UM IRMÃO VÊ O OUTRO IRMÃO RECEBENDO BÊNÇÃOS SEM RAZÃO APARENTE, GERALMENTE A NATUREZA CARNAL DESEJA RESPONDER COM A INVEJA.[1]

---

[1] SORGE, Bob. *Inveja: o inimigo interior*. Tradução de Daiane Rosa Ribeiro de Oliveira. 1. ed. Niterói, RJ: BVBooks, 2010. p. 24-25.

A inveja é tão antiga quanto a história de Caim e Abel. Esse é um dos relatos mais chocantes das Escrituras. À primeira vista, parece inacreditável. Como alguém pode chegar ao ponto de matar o próprio irmão porque sua oferta foi rejeitada? Como o ciúme, a comparação e o ressentimento podem evoluir a esse nível de destruição? É exatamente isso que a inveja faz; ela começa mascarada por justificativas e, se não for confrontada, transforma-se em violência – seja emocional, verbal ou, no caso de Caim, física e fatal.

Ele ficou profundamente irritado ao perceber que o Senhor havia aceitado a oferta de Abel e rejeitado a sua. Em vez de se perguntar o que precisava repensar e ajustar em sua atitude, voltou sua frustração contra o irmão. A inveja distorceu sua visão, e os fatos se embaralharam. Caim só conseguia enxergar Abel como uma ameaça. Toda a situação envolvendo as ofertas passou a ser interpretada como rejeição pessoal; então, movido por uma perspectiva destruidora, preferiu eliminar o outro do que encarar a própria necessidade de mudança. É a dinâmica perversa da comparação: em vez de buscarmos transformação, tentamos apagar a luz de quem nos expõe.

Esse padrão se repete em outros personagens bíblicos. Moisés enfrentou oposição dentro da própria casa, literalmente. Miriã, sua irmã, e Arão, seu irmão, questionaram sua liderança. O episódio começou com uma questão aparentemente superficial: os dois criticaram Moisés por ter se casado com uma mulher etíope. Contudo, o verdadeiro incômodo não era o casamento. A crítica era apenas uma cortina de fumaça. O que realmente estava em jogo era a posição que Deus havia dado a Moisés. Eles disseram: "Será que o Senhor falou somente por meio de Moisés?

Será que não falou também por meio de nós?" (Números 12.2). Era inveja disfarçada de opinião. Deus ouve o que Miriã e Arão dizem e intervém. Então chama os três para fora da tenda e defende Moisés:

> [...] SE ENTRE VOCÊS HÁ UM PROFETA, EU, O SENHOR, EM VISÃO ME FAÇO CONHECER A ELE OU FALO COM ELE EM SONHOS. NÃO É ASSIM COM O MEU SERVO MOISÉS, QUE É FIEL EM TODA A MINHA CASA. FALO COM ELE FACE A FACE, CLARAMENTE E NÃO POR ENIGMAS; POIS ELE VÊ A FORMA DO SENHOR. COMO, POIS, VOCÊS NÃO TIVERAM MEDO DE FALAR CONTRA O MEU SERVO, CONTRA MOISÉS?
>
> **Números 12.6-8**

E o que dizer de José? O ciúme de seus irmãos não foi causado apenas pela túnica colorida que Jacó deu a ele; o que realmente os incomodava era o próprio José, o favoritismo de seu pai e os sonhos que ele tinha. Infelizmente, o contexto já estava inflamado pela comparação.

Como consequência, a resposta foi cruel. Lançaram José em um poço. Depois, venderam-no como escravo. Mantiveram seu nome apagado da história da própria família por anos. Era como se nunca tivesse existido. Uma memória incômoda demais para ser lembrada. Entretanto, apesar de José ter sido arrancado do seu convívio familiar, a promessa ainda estava de pé. O mesmo Senhor que o viu ser jogado no fundo de uma cisterna foi quem o sustentou na casa de Potifar, que o preservou no cárcere e, mais tarde, posicionou-o no palácio. Tudo o que parecia perda foi, na verdade, preparação. O Egito, que à primeira vista era terra estrangeira e hostil, acabou se tornando o palco onde a promessa se cumpriria.

Davi é outro exemplo. Antes de derrotar Golias, ele precisou lidar com a acusação de seu irmão. Quando chegou ao campo de batalha a pedido de seu pai, para entregar mantimentos e trazer notícias ao velho Jessé, Davi foi recebido com desprezo. Eliabe questionou suas intenções: "Por que você veio para cá? E com quem você deixou aquelas poucas ovelhas no deserto? Sei que você é presunçoso e mau. Você veio aqui só para ver a batalha" (1Samuel 17.28). Eliabe via seu irmão como um oportunista. Mas, ainda assim, foi naquele campo que Davi se posicionou com coragem, matou o gigante e iniciou seu caminho para o trono.

Jesus foi incompreendido por seus irmãos. Em João 7, eles tentaram empurrá-lo para uma exposição prematura. Disseram que ele deveria ir para a Judeia, a fim de que outros também vissem as obras que realizava. Insinuavam que, se ele fazia tantas coisas, devia permitir que o mundo as visse (v. 1-4). O versículo seguinte, porém, é revelador: "Acontece que nem mesmo os irmãos de Jesus criam nele" (João 7.5). Eles o provocavam, dizendo: "Você não quer ser conhecido? Você não quer um ministério grande? Então vá para Jerusalém durante a festa, mostre-se ao povo". Repare no tom de deboche e descrença – e talvez até de ressentimento. O próprio Filho de Deus teve de lidar com pessoas próximas que não conseguiam enxergar quem ele era de verdade.

Por mais diferenças que tenha, a história de Marta e Maria se parece um pouco com todas essas. Marta se incomodou com a atitude de Maria. Ela não entendeu o coração de sua irmã. No entanto, Jesus estava ajustando o foco dela, ensinando que existem circunstâncias em que o mais importante é estar presente. Maria havia discernido o tempo. Ela reconheceu que aquela situação não exigia produtividade. Existia algo que não podia ser negligenciado. Nem sempre nossa preocupação é errada, mas ela pode ser inapropriada para o momento. Marta não estava fazendo nada pecaminoso; porém, sua inquietação revelou uma falta de sensibilidade para perceber o que Deus fazia naquele instante. É aí que muitos se perdem, andam ocupados demais com o que é bom e cegos para o que é essencial.

Foi nessa armadilha que Marta caiu. Ela esperava que sua irmã agisse como ela achava certo. Só que a expectativa do Senhor era outra. O prumo daquela hora era a escuta, e o ponto de partida para discernir o que era correto era a presença do Messias. Maria percebeu o que o Céu estava fazendo e se posicionou, enquanto Marta, por estar presa à sua própria medida de justiça, acabou frustrada.

Mulher, abra mão do que acha justo, coerente e certo, pois nem sempre os seus próprios planos são o que Deus tem como prioridade. Muitas vezes, ele nos leva a recalibrar nossos pensamentos. Talvez Marta estivesse exatamente nessa posição. Queria servir, estava ocupada, quem sabe até orgulhosa do que fazia. Porém, Cristo não estava esperando uma casa impecável. Ele desejava que ela o ouvisse. Não sei você, mas quando olho por essa perspectiva, fico espantada ao pensar que o Filho de Deus, em carne e osso, estava em sua casa e, mesmo assim, ela acreditou que havia algo mais urgente do que se prostrar diante dele. No entanto, esse contraste é mais comum do que imaginamos. Quantas vezes não nos perdemos em tantas coisas e deixamos de perceber o que Deus realmente deseja de nós?

Mudanças de perspectiva quase nunca são fáceis. Elas exigem renúncia da nossa necessidade de ter razão, manter o controle, provar competência, agradar expectativas alheias e até corresponder àquelas que criamos sobre nós mesmas. Esse processo se parece bastante com algo que aprendi observando a poda das árvores. Enquanto escrevia *Mulheres enraizadas*,[2] descobri que toda árvore frutífera precisa de uma poda específica. Não existe um padrão único. Cada espécie é tratada de forma diferente. O que funciona para uma pode ser danoso para outra.

A videira exige uma poda severa todos os anos; em alguns casos, até 90% dos ramos do ciclo anterior são removidos. Isso é necessário para concentrar sua seiva e, assim, produzir uvas mais doces e abundantes na próxima estação. Já a macieira requer uma poda menos agressiva, removendo os galhos que crescem para dentro ou para baixo, aqueles que impedem a luz de circular e sufocam o desenvolvimento natural da árvore. A mangueira, por sua vez, se não for podada, crescerá sem ordem, com galhos cruzados e cheios de sombras, o que reduz drasticamente sua frutificação. Nesse caso, a poda ajuda a canalizar a energia da planta para os galhos mais produtivos e evita o desperdício de nutrientes.

Apesar de dolorosa, ela é uma intervenção necessária. Diferentemente de um corte qualquer, aleatório ou acidental, a poda é intencional e precisa, feita conforme cada espécie. Ela remove o que pesa ou consome energia sem dar fruto e, com isso, abre espaço para um crescimento mais saudável. Deus, como o jardineiro cuidadoso que é, também nos poda.

---

[2] MARTINELLO, Viviane. *Mulheres enraizadas*. São Paulo: Editora Vida, 2023.

Às vezes, ele tira algo que parecia essencial. Fecha portas que faziam sentido. Interrompe caminhos que aos nossos olhos eram promissores.

É aqui que a expectativa alheia entra em cena. Muitas vezes, o que os outros esperam de nós está ligado aos ramos que Deus já decidiu podar. Galhos bonitos que, embora tenham florescido em outra estação, não estão mais conectados ao nosso propósito. Por essa razão, precisamos aprender a superar as exigências das pessoas sem nos tornarmos rebeldes ou indiferentes. Na verdade, temos de ter uma convicção clara a respeito da direção do Senhor que nos permita dizer "não" com humildade e "sim" com discernimento. Se Deus poda, é porque haverá mais fruto. E se você aceitar o processo, entenderá que ser "podada" pelo Pai é um sinal de que ele está investindo em seu futuro.

Das lições que podemos tirar de tudo isso, Marta nos ensina que as tarefas diárias, por mais legítimas que sejam, não podem roubar o nosso foco do que mais importa. Há tempo para servir, organizar a casa, cuidar dos detalhes – tudo isso é importante. O problema não está no serviço, mas em perder de vista a quem estamos servindo. Já Maria nos revela o valor de estarmos presentes, disponíveis para ouvir, mesmo que existam mil coisas para serem feitas.

Ao corrigir Marta com amor, Cristo nos lembra de que o verdadeiro equilíbrio está em não permitir que serviço nenhum substitua o aprendizado. Devemos discernir o que Deus deseja que façamos, quando fazer, reavaliar nossas prioridades e filtrar o que é urgente de acordo com os critérios celestiais. "Maria escolheu a boa parte", Jesus disse. E a escolha dela precisa nos servir como um confronto todos os dias: o que é, de fato, prioridade?

Dentro de cada uma de nós há uma Marta e uma Maria. Enquanto uma quer resolver e manter tudo sob controle, a outra deseja se derramar aos pés de Jesus. Não há necessidade de conflito entre as duas nem de eliminar uma para valorizar a outra. É possível elas coexistirem. Contudo, é importante que, em tempos decisivos, seja Maria quem assuma o comando; que a parte em você sensível à voz de Deus seja mais forte do que a que se apressa a resolver o que não foi ordenado. Que você seja liberta da comparação e do ativismo, permaneça atenta à voz do Espírito Santo e esteja comprometida com a prioridade do Céu, mesmo quando o mundo estiver correndo na direção oposta.

“QUE VOCÊ SEJA
LIBERTA DA
COMPARAÇÃO
E DO ATIVISMO,
PERMANEÇA ATENTA
À VOZ DO ESPÍRITO
SANTO E ESTEJA
COMPROMETIDA COM
A PRIORIDADE DO
CÉU, MESMO QUANDO
O MUNDO ESTIVER
CORRENDO NA
DIREÇÃO OPOSTA.”

# CAPÍTULO 8

# O secreto é intencional

"O *SECRETO* É
PROFUNDAMENTE
PESSOAL. UM *ESPAÇO*
ENTRE VOCÊ E O
PAI, QUE DEVE SER
INACESSÍVEL ÀS
OUTRAS PESSOAS."

Todas sabemos que, para construir uma casa, é fundamental planejamento, técnica e, acima de tudo, ter os materiais necessários. Cada elemento desempenha um papel essencial nesse processo. A areia, por exemplo, traz consistência e volume à argamassa e ao concreto; o cimento serve para unir esses elementos e dar resistência; e os tijolos, por sua vez, são a base da alvenaria. Se qualquer um deles for de má qualidade ou negligenciado, o risco de comprometer toda a estrutura é grande.

Outro aspecto importante em uma obra é a ordem em que tudo é feito. Ninguém começa a construção pelo telhado ou levanta paredes antes de erguer uma base sólida. Tudo começa pela fundação, que deve estar nivelada e estabilizada da maneira correta. Caso contrário, o restante ficará vulnerável.

Entre o início do projeto e o acabamento, existem processos que não podem ser apressados. Todas as etapas exigem atenção aos detalhes.

O que parece pequeno e talvez desnecessário, como uma medição precisa, uma inspeção rigorosa ou a correção de um desvio milimétrico, será determinante na durabilidade da construção. Isso significa que o tempo investido não será perdido, pois é exatamente ele que garantirá que a casa permanecerá de pé.

Você já reparou que a nossa vida com Deus também leva em conta alguns elementos fundamentais, assim como os de uma construção de alvenaria? Intimidade com o Senhor não se desenvolve de um dia para o outro nem surge como resultado de fórmulas prontas, repetições automáticas ou rituais religiosos. É preciso limpar o terreno da alma, remover os entulhos e nivelar o solo do coração. Tudo começa onde somente Deus vê.

Costumo dizer que o *lugar secreto* é o fundamento do Senhor em nossa vida. Por definição, um alicerce tem de permanecer escondido e sustentar silenciosamente aquilo que não se vê. Em uma construção, a exposição dessas bases pode indicar algo errado, vulnerável, ou até mesmo a possibilidade de um colapso. Nosso *esconderijo* em Deus não é uma experiência que devemos compartilhar com qualquer um, muito menos transformar em uma vitrine para os outros. Quando colocamos à mostra o que deveria ser preservado de maneira íntima, existe um grande risco de a edificação enfraquecer.

O *secreto* é profundamente pessoal. Um *espaço* entre você e o Pai, que deve ser inacessível às outras pessoas. Infelizmente, alguns têm feito uma confusão entre esse *lugar* e o culto público. São coisas diferentes. O culto fortalece a comunhão, ele nos lembra de que fazemos parte do Corpo de Cristo e é uma ordenança bíblica (cf. Hebreus 10.25). Contudo, ele não substitui o relacionamento que se constrói a portas fechadas. Um é coletivo; o outro, particular.

Ao longo dos últimos capítulos, mencionei cenários corriqueiros que podem se transformar em circunstâncias nas quais o Pai se revela – filas de supermercado, estacionamentos ou mesmo experiências vividas na maternidade e no casamento. Situações do cotidiano que se tornam especiais quando vividas com a consciência da presença de Deus. Mas gostaria de esclarecer uma coisa importante. Sim, é possível amar ao Senhor enquanto lavamos a louça, dirigimos para o trabalho ou cuidamos da nossa família. Não deixamos de ser filhas de Deus ao lidarmos com as demandas diárias. O amor por ele não se dissolve no ritmo da rotina. No entanto, existe uma diferença entre amar em meio à rotina e amar de forma intencional.

Pense, por exemplo, em uma mãe que está lavando a louça com o filho por perto. O fato de estar ocupada não a desqualifica como mãe. Porém, quando deseja expressar afeto, ela interrompe o que está fazendo, seca as mãos e se volta para o filho. Assim também deve ser em nosso relacionamento com Deus. Haverá momentos em que o que sentimos deverá ser expresso com inteireza de coração, corpo e alma. Nessas horas, será necessário parar, dobrar os joelhos e se lançar por completo na presença do Pai.

É assim que construímos os alicerces da nossa vida com Deus: precisamos demonstrar o nosso amor e total entrega no *secreto*. E como em qualquer relacionamento saudável, o vínculo precisa ser cultivado com intencionalidade. Afinal, o que não é alimentado enfraquece, e a intimidade que não é cuidada acaba se perdendo com o tempo. Vemos isso claramente no casamento. Para que a aliança continue viva, deve haver diálogo, gestos de carinho, perdão, tempo de qualidade e assim por diante. Sem isso, a relação tende a se transformar em mera convivência ou, pior, indiferença.

Deus não pode ser uma "emergência espiritual", para onde corremos quando não estamos bem, mas alguém com quem devemos caminhar todos os dias, expressar nosso afeto, gratidão e amor. Para isso, é fundamental reservarmos tempo a sós com ele; deixar tudo de lado e simplesmente nos colocarmos diante do trono, com o coração aberto.

Não se trata de um vínculo apenas religioso, estruturado por regras rígidas que precisam ser seguidas à risca. Na verdade, é um contexto de liberdade no qual encontramos descanso e autenticidade. Talvez seja por esse motivo que eu goste tanto de ouvir como outras pessoas se relacionam com Deus. Cada testemunho me inspira a cultivar ainda mais o meu próprio *esconderijo* no Senhor.

Acho lindo como Deus leva em conta as diferenças em nossas personalidades. Para algumas, o *secreto* é quase um estado natural. São mulheres que carregam um perfil mais introspectivo, por exemplo, e costumam encontrar conforto e paz na solitude. Elas se sentem à vontade em locais silenciosos e familiares. Relaxar, nesse caso, é simples: um banho quente no fim do dia, o conforto de um pijama macio, um bom livro e a porta do quarto fechada. O mundo lá fora dá uma pausa, enquanto, ali dentro, tudo se alinha.

Por outro lado, existem as mulheres mais extrovertidas, que relaxam quando estão rodeadas de gente. Elas gostam de se arrumar, vestir uma roupa bonita, sair e encontrar os amigos. A presença dos outros, as conversas e risadas, tudo isso tem um efeito revigorante. Nesse convívio, elas se sentem mais vivas do que nunca.

Sem dúvida, há muitas nuances entre esses dois perfis, mas, independentemente do seu, uma coisa é certa: amar o *lugar secreto* e investir na construção desse relacionamento com Deus levarão você a viver experiências que apenas esse *ambiente* será capaz de oferecer. Por quê? Porque o *lugar secreto* é onde o próprio Deus encontrará você – e nada continua igual se ele está presente.

Quando amamos ao Senhor, naturalmente começamos a valorizar o tempo a sós com ele. Com o passar dos dias, descobrimos que esse *lugar* não tem a ver com solidão, mas com intimidade. Não se trata de isolamento, mas de presença – a presença dele. E é justamente ali que somos transformadas por ele e aprofundamos as raízes do nosso relacionamento com ele.

O apreço pelo *lugar secreto* não depende de uma inclinação natural, como a afinidade com o silêncio e a tranquilidade. Vai além disso. O amor por esse *momento* floresce quando entendemos as verdades bíblicas e o valor da presença de Deus. No fundo, amar o *secreto* revela amor por estar com o Senhor.

Gosto de comparar minha relação com Jesus ao carinho que tenho pela minha família. Do mesmo jeito que amo passar tempo com meu marido e minhas filhas, também amo passar tempo com ele. E quando a rotina fica corrida demais e me vejo distante, o que sinto não é culpa, mas saudade. Às vezes, quando chego a casa depois de um dia agitado, não carrego aquele peso de "não orei hoje". O que eu penso é: "Que falta o Senhor me faz". Ali, sentada no sofá, cansada, falo com ele: "Jesus, estou aqui, tá bom? Hoje, não conseguimos ter um momento só nosso, mas daqui a pouco nos encontraremos. Só queria que soubesse que preciso do Senhor". Isso ressignifica tudo e traz ao *esconderijo* um novo sentido.

A Palavra do Senhor diz que "aquele que habita no esconderijo do Altíssimo, à sombra do Onipotente descansará" (Salmos 91.1). Como eu creio nessa verdade. Uma das coisas que mais amo no *lugar secreto* é justamente o fato de ele ser um ambiente de descanso. É onde o sobrenatural acontece. Há uma espécie de limpeza espiritual, e tudo o que pesa, como preocupações cotidianas, sentimento de culpa, medos, angústias, é filtrado em nossa alma. O peito, que antes estava apertado, se expande, a mente acelerada se acalma e uma paz que não se explica nos envolve.

Nosso *secreto* também representa refúgio, especialmente nos momentos mais difíceis. A própria palavra "refúgio" carrega o sentido de proteção, abrigo diante de uma ameaça, um recanto onde podemos nos esconder e nos recompor. O salmo 91.7 expressa essa verdade: "Caiam mil ao seu lado, e dez mil, à sua direita; você não será atingido". É uma garantia de segurança em meio às tempestades, ainda que isso não signifique isenção de problemas. Mesmo que a seta voe em plena luz do dia e o perigo tenha preparado uma emboscada, quem está no *esconderijo* do Senhor encontra proteção.

Até Jesus, em seu ministério, precisou se recolher. Em João 11, logo após realizar milagres, o texto relata que sua fama começou a se espalhar. Só que essa visibilidade não foi recebida com alegria por todos. Os líderes religiosos da época começaram a tramar a morte dele. O clima se tornava cada vez mais hostil. E o que Cristo fez? Ele se retirou dali.

Foi para uma região próxima ao deserto, um povoado chamado Efraim, onde permaneceu com seus discípulos (cf. João 11.54). Cristo percebeu a necessidade de se resguardar fisicamente naquela ocasião; mas não parou por aí: ele sabia que precisava se refugiar no Pai, no *lugar secreto*.

Também enxergo o *secreto* como um ambiente estratégico, onde Deus nos guarda e nos prepara para o que vem depois. Eu me lembro de tantas vezes em que passei por crises, no início do meu casamento e em outras etapas da minha vida. Foi o *esconderijo* que me sustentou. Em meio ao caos, ao barulho dos pensamentos e das emoções confusas, dobrava meus joelhos e encontrava alívio. O mundo podia estar desmoronando, mas aos pés de Jesus havia estabilidade e uma presença que me segurava quando já não tinha forças para me manter de pé. O *secreto* é tudo isso. E é por essa razão que não considero um luxo ou uma opção. Pelo contrário, é uma questão de sobrevivência.

## OS INIMIGOS DO *SECRETO*

Apesar de todo o poder que esse *lugar* carrega, ele não está livre de ameaças. Existem inimigos persistentes que tentam impedir nosso acesso à presença de Deus. Se não estivermos atentas, corremos o risco de perder o que há de mais precioso em nossa vida.

Um dos adversários mais sutis é a *exposição* – que já mencionei neste capítulo. A tentação de tornar público o que foi vivido na intimidade com Deus pode parecer inofensiva e até bem-intencionada. Porém, certas coisas não devem ser expostas.

Jesus afirmou que existe uma recompensa para quem cultiva um relacionamento com o Senhor em segredo: "Mas, ao orar, entre no seu quarto e, fechada a porta, ore ao seu Pai, que está em secreto. E o seu Pai, que vê em secreto, lhe dará a recompensa" (Mateus 6.6). Nos versículos anteriores, ele adverte contra a prática da justiça com o objetivo de ser visto pelos outros, dizendo que aqueles que oram nas praças e sinagogas para serem notados "já receberam a sua recompensa", ou seja, terão apenas o aplauso humano.

Jesus propõe uma forma diferente de se relacionar com o Pai; não com a motivação de impressionar os outros, mas com o desejo sincero de estar com ele. Uma pessoa que realmente cultiva essa intimidade com Deus não precisa divulgar que ora, jejua ou lê a Bíblia. Não há necessidade de provar sua espiritualidade, porque ela se torna visível, por mais que não seja exibida. O *secreto*, quando é real, transparece de forma natural em nosso cotidiano; ao ajudarmos um necessitado, por exemplo, ou quando socorremos uma pessoa em sufoco.

*Cansaço* e *sono* também podem se tornar grandes empecilhos. Quantas vezes não escutei relatos de mulheres que, ao tentarem buscar a presença do Senhor, foram tomadas por uma sensação de sonolência quase incontrolável. Isso não quer dizer que o *secreto* seja entediante; longe disso. Muitas vezes, sentimos o desejo de orar, mas o corpo pesa, os olhos se fecham e a mente já não consegue acompanhar o que gostaríamos de expressar.

Nessas horas, percebemos como o estado físico influencia diretamente a nossa vida espiritual. Um corpo exausto pode dificultar o desenvolvimento do espírito. Afinal, a nossa estrutura humana tem limites que precisam ser respeitados. Portanto, tente priorizar uma boa noite de sono antes de qualquer coisa. O descanso não é inimigo da espiritualidade. Pelo contrário, é um aliado. Lembre-se também de estabelecer um horário que funcione para você. Esse tempo deve ser realista e coerente com seu ritmo de vida.

Além disso, nesse processo, é importante que você seja insistente. Em suas primeiras tentativas, pode haver um estranhamento. Temos a impressão de que nada está acontecendo. A mente parece vagar, e o coração espera por algum sinal evidente de que Deus está ali. É comum pensar que se não houve emoção, é porque ele não estava presente. Mas essa é uma expectativa moldada por um mundo acostumado à pressa e ao sentimentalismo. No *secreto*, a realidade é outra. O segredo está na permanência. De repente, o que soava como monótono se transforma em espontaneidade, e os cinco ou dez minutos que pareciam durar uma eternidade começam a correr. Você olha o relógio e se surpreende ao reparar como o tempo voou. Portanto, insista. Volte no dia seguinte. Depois. E de novo. Não desista.

Outro inimigo perigoso é *tudo aquilo que tira a nossa fome;* como acontece com uma criança que come um doce antes do almoço. Quando chega a hora da refeição, ela já está satisfeita. A questão é que, apesar de o estômago estar cheio, o corpo não foi nutrido. O açúcar pode ter provocado prazer imediato, só que não supriu a necessidade real do organismo. Da mesma forma, muitas vezes perdemos o apetite pelo que é verdadeiro porque nos saciamos com coisas que preenchem o vazio temporariamente. Em vez de nos aprofundarmos na Palavra, nós nos contentamos com trechos aqui e ali, com frases prontas, com vídeos de pregações. Substituímos o tempo com Deus por aquilo que nos entretém. O resultado? Desnutrição.

O problema de ir ao *lugar secreto* sem fome é que não deixamos espaço para que nosso coração seja cheio da presença de Deus. Então, desgastado pelo excesso de informações, ele acaba se acomodando e surge o que entendo como *preguiça espiritual*. Não é desinteresse, só o reflexo de uma alma já saciada por conteúdos superficiais. Até desejamos buscar ao Senhor, mas algo dentro de nós resiste, procrastina, adia. E isso pode se tornar um ciclo. Por isso mesmo, de vez em quando, é importante separarmos períodos de detox desses estímulos rasos para recuperar o apetite pelo que realmente sacia.

Para terminar, vou listar mais duas inimigas do *secreto*. Muitas vezes, tentamos seguir em frente sem lidar com o que ficou mal resolvido lá atrás. Feridas ignoradas, traumas não tratados, decisões erradas que nunca foram confessadas ou redimidas, tudo isso se transforma em pendências que permanecem abertas. Então, a *culpa* começa a se instalar como uma barreira invisível. Por mais que saibamos que o Senhor perdoa e restaura, nosso coração continua preso a memórias que nos acusam. E, em vez de nos apresentarmos como filhas, chegamos como fugitivas. Entrar no *secreto* carregando vergonha, medo e acusação é como tentar encontrar Deus enquanto se esconde dele.

Eu me lembro de uma pessoa que compartilhou comigo sua luta contra a pornografia. Ela era viciada, e sempre que tentava entrar na presença do Senhor, sua mente era invadida pelas imagens indecentes que tinha visto, além do peso sufocante da culpa. Aquela mulher se sentia suja, indigna, como se seu pecado a impedisse de ser amada e resgatada por Deus. Certa vez, ela se abriu comigo e disse: "Não consigo". Ouvindo isso, percebi que havia algo emocional e espiritual que necessitava ser redimido. Olhei para ela e disse: "Você precisa se arrepender e decidir abandonar esse pecado de vez. Só assim será verdadeiramente livre". A partir dali se iniciou um processo lindo de cura.

Conheci também uma jovem que havia sido exposta à pornografia pela primeira vez logo na infância. Isso aconteceu porque ela tinha encontrado materiais que seu pai mantinha guardados dentro de casa. Apesar de não ter cultivado o hábito, ela carregava um peso na mente, uma sensação de estar suja. E esse tipo de culpa é paralisante. É por esse motivo que precisamos entender que nossos pecados, uma vez confessados, são lançados no mar do esquecimento (cf. Miqueias 7.19). A mente precisa ser renovada com esta verdade: fomos perdoadas. E o perdão é um convite à liberdade.

Além disso, é necessário também nos livrarmos das *expectativas equivocadas* que nós mesmas podemos ter a respeito do *lugar secreto*. Para mim, esse ponto sempre foi uma luta. Por muito tempo, associei a presença do Senhor a sensações fortes ou experiências emocionantes. Quando nada disso acontecia, eu me frustrava. Mas a verdade é que nossa vida com Deus não deve ser guiada por emoções; ela é sustentada pela fé, que é "a certeza de coisas que se esperam, a convicção de fatos que não se veem" (Hebreus 11.1). Em outras palavras: o que nos mantém não é o que sentimos, e sim o que cremos.

Infelizmente, vivemos em uma geração que tem se tornado cada vez mais dependente de fortes emoções. Se a pessoa chorou ou se arrepiou, então ela acredita que Deus estava presente. Caso contrário, pensa que o *secreto* "não funcionou". Mas o convite do Senhor é outro. Já houve dias em que entrei em sua presença e não senti absolutamente nada. Estava ali por obediência e amor, pois sabia que o Pai se encontrava ao meu lado, mesmo que eu não percebesse. Houve outros momentos em que a sua glória era tão palpável, que era impossível conter as lágrimas. Seja qual for o cenário, não confunda as coisas; o amor verdadeiro não precisa ser provado todos os dias com fogos de artifício. Deus pode se revelar tanto no vento forte quanto na brisa suave.

Todos esses inimigos, e tantos outros, comprometem a nossa constância *no lugar secreto*. Por isso, precisamos identificar e combater cada um deles. A boa notícia é que nenhum desses obstáculos é intransponível ou superior à graça de Deus. Existe sempre um caminho pavimentado com misericórdia.

## OS AMIGOS DO *LUGAR SECRETO*

Depois de listarmos alguns desafios, é hora de virar a chave. Vamos voltar nosso olhar para aquilo que facilita uma vida de intimidade com o Pai: os amigos, ou os facilitadores, que nos ajudam a chegar ao *lugar secreto*. E por que não começar com a *fome* e a *sede* por Deus? Estou falando daquele desejo ardente, quase instintivo, que nos empurra para mais perto do Céu. Quantas vezes não fomos ao encontro do Senhor movidas por esse impulso?

Isso me traz à memória o que Davi descreve em Salmos 42.1: "Assim como a corça suspira pelas correntes das águas, assim, por ti, ó Deus, suspira a minha alma". Essa analogia não foi aleatória. A corça é um animal ágil, mas também extremamente vulnerável. Ela vive em regiões muitas vezes inóspitas, sujeitas a predadores e à escassez de água. Quando as fontes se tornam raras, sua busca se transforma em uma corrida pela sobrevivência. Por isso, ao se comparar a essa criatura, o salmista estava dizendo: "Minha alma não apenas deseja Deus, ela depende dele para seguir em frente". É esse tipo de sede que nos leva ao *esconderijo* de Deus.

Sempre fui uma pessoa faminta, por comida mesmo. E acredito que todo mundo seja. Pode parecer óbvio, mas pense comigo: ninguém se esquece de comer – é literalmente impossível. Nosso próprio corpo nos lembra da necessidade de nos alimentarmos. E essa realidade me levou a fazer um pedido ao Senhor: da mesma forma que meu corpo clamava por comida, que ele aumentasse em mim a fome e a sede pela sua presença. Orei para que esse desejo fosse tão real quanto a necessidade de respirar ou beber água.

Queria experimentar o que o salmista descreveu em Salmos 63.1: "A minha alma tem sede de ti; meu corpo te almeja, como terra árida, exausta e sem água". Isso, porque sabia que a alma que não sente fome espiritual corre o risco de adormecer, e nessa condição não percebe a ausência, não sente saudade da fonte, não clama por mais. Mas assim como não vivemos sem alimento físico, também não conseguimos viver de forma saudável longe de Deus. Ele é o pão da vida (cf. João 6.35), o sustento diário que renova o nosso interior.

É por isso que faz tanto sentido retornarmos a ele todos os dias com *disciplina* e *constância*. Muitos acreditam que somente a intensidade da nossa vida no *secreto* é capaz de mover montanhas, mas essa é uma ideia incompleta. Embora a intensidade tenha seu valor, e tantas vezes seja o ponto de partida para a mudança, ela sozinha não sustenta uma jornada. A intensidade inspira, empolga, mas se esgota rapidamente. Já a disciplina, por outro lado, constrói algo duradouro, porque é transformadora, em qualquer área.

Um dos exemplos mais claros a respeito dessa verdade está em Daniel 6.10:

> QUANDO DANIEL SOUBE QUE O DOCUMENTO TINHA SIDO ASSINADO, VOLTOU PARA CASA. EM SEU QUARTO, NO ANDAR DE CIMA, AS JANELAS ABRIAM PARA O LADO DE JERUSALÉM. TRÊS VEZES POR DIA, ELE SE PUNHA DE JOELHOS, ORAVA, E DAVA GRAÇAS DIANTE DO SEU DEUS, COMO ERA O SEU COSTUME.

O contexto é crítico. O rei da Babilônia havia assinado um decreto proibindo qualquer oração dirigida a outro que não fosse ele próprio, sob pena de morte. Ainda assim, Daniel não cedeu à pressão. E o mais impressionante é que sua decisão de continuar orando não foi uma reação impulsiva diante da crise, mas simplesmente a continuidade de uma prática que ele já cultivava. A Bíblia faz questão de registrar: "como era o seu costume". Ou seja, não era ocasional, e sim um hábito.

Não podemos nos esquecer de que Daniel era um homem muito ocupado, com grandes responsabilidades no governo da Babilônia. Mesmo assim, reservava três momentos para buscar a face do Senhor todos os dias. E o fazia com as janelas voltadas para Jerusalém, como sinal de sua esperança na promessa divina (cf. 1Reis 8.46-49). Com perseverança, ele construiu o seu *lugar secreto*, que o sustentou quando os tempos difíceis chegaram.

Entre tantos personagens bíblicos, acredito que Daniel seja o mais representativo quando pensamos sobre esse tema. Ainda muito novo, foi levado cativo para a Babilônia – uma terra estrangeira, com costumes e valores completamente distantes daquilo que acreditava –, onde demonstrou uma firmeza que não dependia de circunstâncias favoráveis. Em Daniel 1.8, lemos que ele "resolveu não se contaminar com as finas iguarias do rei, nem com o vinho que ele bebia", uma decisão tomada por convicção espiritual. Daniel se manteve fiel a Deus. Ele sabia dizer "não" ao conforto, às distrações e às pressões externas, algo muito raro hoje em dia.

Daniel também nos lembra como a disciplina existe para nos dar força diante das tentações e manter nosso coração alinhado ao que realmente importa. É no *coração* que a rendição deve ser plena e verdadeira, pois a Palavra nos garante que um "coração quebrantado e contrito, não o desprezarás, ó Deus" (cf. Salmos 51.17). Estou falando de ofertarmos nossa vida por inteiro, de sermos um sacrifício vivo, santo e agradável a Deus, como aprendemos na carta de Paulo aos romanos (cf. 12.1). Nessa passagem, o apóstolo se refere a uma entrega física, emocional e espiritual. Sem limites e sem reservas.

Esse quebrantamento é a base de uma adoração verdadeira. Nesse solo fértil da alma, cheio de reverência e sem máscaras, a adoração encontra sua expressão mais pura. Infelizmente, muitos associam o ato de louvar ao Senhor a uma performance vocal impecável, como se fosse necessário ter voz afinada, domínio de palco ou habilidades técnicas para tocar o coração de Deus. Mas isso é um erro perigoso. Adorar é, antes de tudo, lembrar quem é Deus. Trazer à memória os atributos divinos. Proclamar verdades como as contidas em Salmos 103.8-14, por exemplo:

> O SENHOR É COMPASSIVO E BONDOSO; TARDIO EM IRAR-SE E RICO EM BONDADE. NÃO REPREENDE PERPETUAMENTE, NEM CONSERVA PARA SEMPRE A SUA IRA. NÃO NOS TRATA SEGUNDO OS NOSSOS PECADOS, NEM NOS RETRIBUI CONFORME AS NOSSAS INIQUIDADES. POIS QUANTO O CÉU SE ELEVA ACIMA DA TERRA, ASSIM É GRANDE A SUA MISERICÓRDIA PARA COM OS QUE O TEMEM. QUANTO O ORIENTE ESTÁ LONGE DO OCIDENTE, ASSIM ELE AFASTA DE NÓS AS NOSSAS TRANSGRESSÕES. COMO UM PAI SE COMPADECE DE SEUS FILHOS, ASSIM O SENHOR SE COMPADECE DOS QUE O TEMEM. POIS ELE CONHECE A NOSSA ESTRUTURA E SABE QUE SOMOS PÓ.

Nesse ambiente de louvor, o último amigo do *lugar secreto* que vou mencionar se revela: o *Espírito Santo*. Ele não é uma força impessoal ou apenas um símbolo da fé cristã; é uma pessoa real. Enviado por Jesus para habitar em nós, ele é nosso consolador, ajudador e, especialmente, nosso amigo. É ele quem nos guia e nos lembra o que Jesus disse (cf. João 14.26). A Bíblia afirma, em Romanos 8.26, que não sabemos orar como convém, mas o próprio Espírito intercede por nós com gemidos inexprimíveis. Ou seja, não importa se faltam palavras ou se o coração está confuso, o Espírito Santo traduz o que sentimos para o Pai. Portanto, nunca se esqueça de convidá-lo para o seu *esconderijo*. A companhia do doce Espírito Santo muda tudo.

Se quisermos crescer em intimidade com Deus, precisamos permitir que ele nos veja exatamente como somos – sem defesas e sem os filtros que usamos para agradar os outros ou até nós mesmas. É um processo contínuo e intencional, que segue ao percebermos o Senhor dizendo: "Ainda estou aqui", mesmo depois de termos passado horas aos seus pés. É um movimento que nasce do amor e se fortalece na entrega. Ao longo dessa jornada, o que se constrói não é apenas um altar, mas uma relação. Feche a porta do seu quarto. Deixe o mundo lá fora. Permaneça e construa. O Pai está esperando você lá, e ele mesmo garantiu: "Vocês me buscarão e me acharão quando me buscarem de todo o coração" (Jeremias 29.13).

# CAPÍTULO 9

# Chamadas e enviadas

“MESMO QUANDO
NÃO COMPREENDEMOS
OS MOVIMENTOS
DO CÉU, CADA ETAPA
NOS PREPARA PARA
O PLANO QUE O PAI
TEM PARA NÓS.”

Todo investimento de Deus tem um propósito. A questão é que eu não tinha entendido isso logo no início. Quando rendi minha vida ao Senhor, há muitos anos, eu não sabia o que ele era capaz de fazer com uma entrega. No entanto, foi no *lugar secreto* que ele investiu em mim e me mostrou que todo investimento dele tem um porquê.

Nada do que Deus faz é aleatório ou improvisado. Pelo contrário, tudo serve para nos mover de um ponto a outro, em direção a algo maior. Em Romanos 8.28, a Palavra nos ensina que "[...] todas as coisas cooperam para o bem daqueles que amam a Deus, daqueles que são chamados segundo o seu propósito". Portanto, temos uma certeza: mesmo quando não compreendemos os movimentos do Céu, cada etapa nos prepara para o plano que o Pai tem para nós.

Assim aconteceu nas histórias que a Bíblia nos conta. Ela está cheia de pessoas em quem Deus investiu de forma intencional. Ester, como mencionei nos capítulos iniciais, foi um exemplo de alguém que precisou ser moldada para cumprir o chamado divino em sua vida. No início, ela passou por um ano de preparo, sendo seis meses dedicados exclusivamente ao tratamento com mirra: "Depois de doze meses de tratamento seguindo as prescrições para as mulheres, que eram embelezadas seis meses com óleo de mirra e seis meses com óleos aromáticos, essências e perfumes em uso entre as mulheres, chegava a vez de cada moça ser levada ao rei Assuero" (Ester 2.12).

Estudando um pouco sobre a mirra, descobri que ela possui propriedades curativas e antibacterianas. Era uma especiaria usada para purificação, mas também estava associada à morte, por ser um dos elementos utilizados nos rituais de embalsamamento em certas regiões. Isso me fez pensar que existem áreas em nossa vida que precisam ser curadas enquanto outras têm de morrer. Feridas, traumas e fraquezas necessitam de cura. Pecados, por sua vez, precisam morrer. Ester passou por processos porque havia sobre ela um chamado. A coroação que recebeu não foi apenas para lhe dar prestígio; ela subiu ao trono para salvar o povo judeu de uma sentença terrível. Em outras palavras, ela foi a resposta de Deus em um tempo de crise.

*Ester* é uma entre tantas mulheres na Bíblia que cumpriu um papel importante na história do povo de Deus. E cada uma delas nos ensina sobre a fé em meio ao impossível, ousadia diante do perigo e o poder da obediência mesmo quando tudo parece incerto. O que Deus fez nelas e por meio delas é mais do que um registro do passado; é uma evidência de que ele investe em pessoas comuns para realizar coisas extraordinárias.

*Débora* é outro exemplo disso. Juízes 4 a retrata como profetisa e juíza, uma mulher temente a Deus que exercia liderança diante de uma grande crise espiritual e política. Naquele período, Israel ainda não era governado por reis; a liderança estava sobre os juízes – pessoas separadas por Deus para guiar o povo, resolver disputas e, em muitos casos, comandar as batalhas. Foi nesse cenário que Débora foi treinada. Acredito que a autoridade que ela tinha em público era o resultado de anos de fidelidade ao Senhor. Não é à toa que a palmeira debaixo da qual ela se sentava tenha se tornado um ponto de referência. Débora foi moldada por Deus, até que chegou o momento de assumir o chamado divino em sua vida.

Na época em que o povo estava sob a opressão de Jabim, rei de Canaã, ela recebeu uma direção do Alto e convocou Baraque para ir à guerra. O mais surpreendente é que, diante da hesitação do guerreiro – que só aceitaria ir se ela o acompanhasse –, Débora não apenas concordou como também declarou com firmeza: "Está bem, eu irei, mas você não receberá a honra nesta missão, pois o Senhor entregará Sísera nas mãos de uma mulher. Então Débora foi com Baraque a Quedes" (Juízes 4.9). Sim, uma mulher entre os soldados, em uma cultura em que isso era absolutamente inimaginável. Débora ainda declarou que a vitória seria atribuída a uma mulher, profecia que se cumpriu de forma dupla.

Primeiro, porque ela assumiu a liderança do povo e traçou uma estratégia militar com autoridade espiritual. Segundo, porque foi Jael, outra mulher, que deu o golpe final no inimigo, cravando a estaca na cabeça de Sísera, o capitão cananeu (cf. Juízes 4.17-22). No fim, as duas foram usadas pelo Senhor para trazer libertação ao povo. E uma das coisas que esse relato bíblico nos ensina é que Deus não se limita a padrões. Ele pode levantar quem quiser para liderar, influenciar e mudar o curso da História.

A profetisa Débora foi escolhida por Deus. Ela ouvia o Senhor, obedecia à sua voz e agia com coragem. Por isso, sua liderança foi incontestável.

E sabe qual é a boa notícia? O Senhor continua levantando mulheres em tempos de crise. Ele as treina no *secreto*, ele as posiciona com propósito e as envia. A libertação que veio por meio de Débora é um marco bíblico do que o Senhor pode fazer quando alguém improvável está disposto a dizer "sim".

Foi com essa mesma resposta que outra mulher cooperou com Deus para mudar o rumo da humanidade. Diferentemente de Débora, *Maria* era uma moça anônima, moradora de Nazaré, cidade periférica, sem prestígio político ou relevância religiosa. Ainda assim, foi justamente ela que o Pai escolheu para carregar em seu ventre o Salvador do mundo. O chamado de Maria foi ser mãe. Quando o anjo Gabriel lhe anunciou: "Você ficará grávida e dará à luz um filho, a quem chamará pelo nome de Jesus. Este será grande e será chamado Filho do Altíssimo. Deus, o Senhor, lhe dará o trono de Davi, seu pai" (Lucas 1.31-32), a resposta dela revelou o coração de alguém que se submete a Deus sem pensar duas vezes: "Aqui está a serva do Senhor; que aconteça comigo conforme a sua palavra [...]" (Lucas 1.38). Ela não questionou o tamanho do desafio nem exigiu explicações. Apenas se colocou à disposição do Senhor.

Deus pode nos chamar para missões que não requerem visibilidade ou posição de destaque. Muitas hoje carregam uma vocação semelhante à de Maria: o de gerar, formar, proteger e influenciar a próxima geração. É possível que você jamais lidere uma multidão, mas seja mãe de alguém que transformará o mundo, como tantas foram. O que dizer, por exemplo, das mães de Thomas Edison, Billy Graham, Amy Carmichael, William Carey, Martin Luther King Jr., além de outras mulheres e homens desconhecidos que formaram pais amorosos e presentes? Você pode ser aquela que ora, ensina e planta sementes eternas. Aquela que gera uma linhagem que se posiciona com fé, caráter e temor – ao lado do seu marido.

Pelo critério do Senhor, o que conta é a disposição do coração, e não a capacidade. Quem sabe seja a sua vez de dar a mesma resposta de Maria. Talvez você se enxergue como uma pessoa simples, alguém que jamais imaginou ser parte de algo grandioso. Então, de repente, um chamado a alcança. Uma promessa. Um propósito que parece maior do que você mesma. Nessa hora, que você tenha a coragem de dizer: "Que aconteça comigo conforme a sua palavra", independentemente do que tenha vivido até o momento. Afinal, existe graça suficiente para transformar qualquer história. E isso me traz à memória uma mulher que não permitiu que o passado a detivesse: *Maria Madalena*.

Em Lucas 8.2, está escrito que dela saíram sete demônios. Essa experiência revela o nível de opressão espiritual que Maria Madalena enfrentava. No entanto, o mais importante é o que vem depois. Após ser liberta, aquela mulher não voltou à vida de antes. Em vez disso, escolheu seguir a Jesus. Durante a crucificação, enquanto quase todos os discípulos fugiram com medo, ela permaneceu aos pés da cruz (cf. João 19.25). Não só isso, mas talvez o episódio mais impactante de sua trajetória tenha sido a manhã da ressurreição; afinal, ela foi a primeira pessoa a ver Jesus ressuscitado (cf. João 20.1, 14-16). Cristo escolheu se revelar a uma mulher marcada pelo passado, mas transformada pela graça. Isso é redenção.

*Raabe* também foi uma mulher que não permitiu que sua história, nem o estigma de ser uma prostituta, determinasse seu futuro. Apesar de um passado de pecado, ela decidiu esconder os dois espias israelitas enviados a Jericó e os protegeu dos soldados do rei, colocando sua própria vida em risco. O mais impressionante é o que ela diz: "[...] Porque o Senhor, o Deus de vocês, é Deus em cima nos céus e embaixo na terra" (Josué 2.11). Essa declaração revela que Raabe reconheceu a soberania de Deus antes mesmo de fazer parte do seu povo.

E qual foi o resultado de tudo isso? Quando os muros de Jericó vieram abaixo, a casa de Raabe permaneceu intacta (cf. Josué 6.17). Ela e toda a sua família foram poupadas. A partir daquele momento, ela passou a viver entre o povo de Israel – e mais do que isso, Deus a incluiu em um plano muito maior do que ela jamais poderia imaginar. Raabe entrou na genealogia do próprio Messias. Sim, uma ex-prostituta, estrangeira, de uma cidade condenada à destruição, fez parte da linhagem do Salvador. Deus restaurou a sua história e a reposicionou em seu plano eterno de redenção.

Anos mais tarde, outra mulher, tão desacreditada quanto Raabe, teve um encontro que mudou tudo – desta vez, à beira de um poço, sob o sol escaldante de Samaria. A *mulher samaritana* é, sem dúvida, uma das evangelistas mais improváveis da Bíblia. Ela não tinha influência, prestígio ou boa reputação. Era marcada por relacionamentos fracassados, rejeição e preconceito – social, étnico e espiritual. No capítulo 4, João relata que ela havia tido cinco maridos e que o homem com quem vivia não era seu esposo. Em uma cultura que abominava esse comportamento, ela era desacreditada pela comunidade. Porém, foi justamente essa mulher que Jesus escolheu para uma das conversas mais profundas do Evangelho: adoração e identidade.

Enquanto ela pedia um pouco de água, Jesus oferecia algo infinitamente maior: "[...] mas aquele que beber da água que eu lhe der nunca mais terá sede" (João 4.14). Ao se revelar como o Messias, ele transformou sua dor em propósito. Aquela mulher samaritana se tornou portadora da "água viva", e sua experiência com Cristo foi tão marcante que ela deixou o cântaro e correu de volta à cidade. Ali, proclamou: "Venham comigo e vejam um homem que me disse tudo o que eu já fiz. Não seria ele, por acaso, o Cristo?" (João 4.29). E por causa do seu testemunho, os moradores daquela região saíram para vê-lo de perto.

E *Rute*? Essa foi chamada para amar em tempos de dor. Viúva, estrangeira, jovem, sem perspectivas, ela escolheu permanecer ao lado da sua sogra, que também estava devastada pela perda do marido e dos filhos. Quando Noemi decidiu voltar a Belém, Rute insistiu com uma declaração que atravessa os séculos: "[...] aonde quer que você for, irei eu; e onde quer que pousar, ali pousarei eu. O seu povo é o meu povo, e o seu Deus é o meu Deus" (Rute 1.16). Rute não tinha todas as respostas, nem podia cancelar as tragédias que haviam acontecido. Mas ela fez o que muitas esquecem, em várias ocasiões: permaneceu. Escolheu amar alguém quebrado, mesmo estando quebrada. E por essa fidelidade, o Senhor, assim como fez com Raabe, posicionou-a no centro do plano da redenção. Ela se casou com Boaz e se tornou a mãe de Obede, que foi o avô do rei Davi. Sim, uma estrangeira, viúva, também entrou na genealogia de Jesus.

Quem sabe você seja como *Joquebede*, que protege o propósito de Deus? Foi ela, mãe de Moisés, quem ousou preservar a vida do seu filho em meio ao decreto mortal do faraó contra os recém-nascidos hebreus. Diante dessa sentença cruel, ela poderia ter se entregado ao medo ou ao desespero. Contudo, agiu com sabedoria e fé. A Bíblia nos conta que ela escondeu o menino por três meses. Quando já não podia mais protegê-lo, construiu um cesto de junco e o colocou na margem do rio Nilo.

Joquebede deu um passo de fé, certa de que o Senhor cuidaria do que fosse necessário para que seus propósitos se cumprissem. E foi exatamente isso que aconteceu. Deus moveu o coração da filha de faraó, que encontrou o menino e se compadeceu ao ouvir a criança chorar. Então Miriã, a irmã de Moisés, que vigiava de longe, foi até a princesa e se ofereceu para encontrar uma ama de leite. Ela aceitou, e Miriã chamou sua mãe Joquebede, que voltou a amamentar e cuidar de seu filho, agora sob a proteção real e sendo recompensada por isso (cf. Êxodo 2.7-9).

Esse é o milagre da entrega. Joquebede nos ensina que, quando colocamos algo nas mãos de Deus, não perdemos; nós ganhamos. Moisés não voltou para ela como um bebê fugitivo, e sim como alguém preservado pelo favor divino. Mais tarde, ele se tornaria o libertador de Israel, o homem usado pelo Senhor para tirar o povo da escravidão do Egito.

Você também pode ser como Joquebede ao proteger o que Deus lhe confiou. Talvez Deus a esteja chamando para abrir mão do controle e, com oração e fé, construir um "cesto de junco", confiando que, nas águas da providência divina, ele fará infinitamente mais do que você pode imaginar.

Poderíamos continuar essa lista com inúmeras outras mulheres das Escrituras e aquelas cujos nomes não estão registrados, mas que ainda escrevem a história do Reino de Deus e fazem parte do que chamo de "Atos 29". Você pode até pensar: "Mas não existe Atos 29 no Novo Testamento". É verdade, o livro de Atos termina no capítulo 28. Mas gosto de usar essa expressão para falar das coisas que o Espírito Santo ainda realiza por meio da Igreja. São os atos de fé que ainda acontecem hoje, e cada uma de nós pode participar desse novo capítulo.

Não é por acaso que você está onde está e vive o que vive. Você faz parte de um plano maior. Portanto, abra sua janela, assim como Daniel, mesmo sabendo que isso poderia lhe custar tudo. Não tenha medo de demonstrar sua fé, de viver com integridade e ser quem Deus a chamou para ser: luz em meio a uma escuridão que tenta assolar a sociedade. Seja uma mulher como *Sifrá* e *Puá*, que não aceita ser coveira de propósitos, mas se posiciona como uma parteira de promessas. O Brasil precisa de mulheres assim. Nossa nação necessita de cura, e ela começa com aqueles que se humilham diante de Deus, se arrependem e são boas testemunhas.

O seu testemunho é a evidência da fé que você declara e o que valida suas palavras. Um mau testemunho entristece e desvaloriza a mensagem. Já o bom, ilumina, inspira e aponta para Cristo. É por isso que ele disse: "Assim brilhe também a luz de vocês diante dos outros, para que vejam as boas obras que vocês fazem e glorifiquem o Pai de vocês, que está nos céus" (Mateus 5.16). Seja uma mulher que continua gerando vida, espalhando verdade e trazendo o brilho do Céu por onde for.

Sei que isso é desafiador, pois me lembro muito bem do momento em que comecei a lutar com a missão que Deus confiou a mim. Dizer "sim" não foi fácil. E quando o Senhor me comissionou, eu hesitei. Encarar o peso do propósito é algo sério, ainda mais quando entendemos que o que estamos construindo vai além da nossa própria existência. Daqui a 100 anos, é quase certo que nenhuma de nós estará aqui. Contudo, este livro, assim como tudo o que é feito para Deus, pode permanecer. Se Jesus não voltar antes, gerações futuras terão acesso a estas palavras, e outras mulheres encontrarão aqui sementes de coragem e fé para continuar. Não estamos vivendo por viver, mas construindo algo que carrega o nome de Jesus e que continua a obra que o Espírito Santo começou em Atos. E cada parte dessa construção tem um início, um ponto de partida, muitas vezes pequeno aos olhos humanos, mas precioso para Deus. Há valor nos começos, por mais simples que pareçam.

Quando eu tinha 15 anos, ganhei um presente que, para mim, era o auge da modernidade na década de 90: um abajur. Daqueles que acendiam e mudavam a intensidade da luz com o toque. Ele era feito de vidro e tinha um design elegante, que combinava perfeitamente com o meu quarto. Aquele abajur se tornou mais do que um objeto útil, era um símbolo da minha adolescência. Sempre que o vejo, sou imediatamente transportada aos meus 15 anos, um tempo de pureza, descobertas, sonhos e do despertamento da mulher que eu viria a ser.

Anos depois, fui convidada para ministrar em um retiro de jovens. Aceitei o convite, porém, quando a data se aproximou, percebi que o fim de semana coincidia com três eventos importantes: uma festa em família, um encontro com amigos e o aniversário de um amiguinho da minha filha. De repente, o que era motivo de entusiasmo passou a pesar no coração. A realidade de não estar presente nessas ocasiões gerou um incômodo horrível. Era como se estivesse dividida entre o chamado ministerial e a vida cotidiana. Essa tensão é real. Muitas vezes, quando dizemos "sim" ao que Deus nos chama para fazer, teremos de dizer "não" a lugares onde nosso coração também gostaria de estar. Nem sempre é fácil. Existe uma romantização em torno do chamado, só que a realidade custa caro. Naquele fim de semana, senti o peso disso.

Depois de orar e refletir com o meu marido, entendemos que eu deveria ministrar no retiro. Apesar de o local ter uma paisagem de tirar o fôlego, a saudade do meu lar apertava o coração. Além disso, tudo ao redor só parecia reforçar o incômodo. O quarto onde estava hospedada era bastante desconfortável, o colchão era duro, o espaço era frio e ainda havia insetos e pequenos animais circulando em todo canto. Em meio àquele cenário que para mim era adverso, eu me encontrei desesperada e com vontade de fugir. Tudo em mim gritava por segurança, familiaridade e conforto. Foi então que senti o Senhor dizer dentro de mim: "Falarei com você nestes dias aqui".

No dia da ministração, preguei a Palavra, e o Espírito Santo tocou as pessoas de uma maneira sobrenatural. As coisas pareciam estar em ordem; mas, ao fim, senti um peso tão forte que precisei me afastar. Encontrei um espaço silencioso, como se fosse um sótão, acima do lugar onde estávamos – um cantinho escondido, com uma estante de livros e um sofá. Era o refúgio perfeito, porque não me sentia à vontade para chorar na frente dos jovens e, principalmente, dos líderes que haviam me convidado.

Eu me sentei naquele sofá e desabei. Chorei como havia muito tempo não chorava. Meus olhos incharam tanto que mal conseguia mantê-los abertos. Sem reservas, eu me derramei na presença de Deus, e minhas palavras não foram suaves nem cheias de fé. Elas foram cruas, intensas e sinceras. Entre soluços, disse: "Não aguento mais, Senhor! Se um dia eu disse 'sim' ao 'ide', hoje estou dizendo 'não'. Quero voltar para minha casa e estar com a minha família. Quero o aconchego do meu lar". A dor parecia maior do que a missão naquele momento; a saudade, mais forte do que o chamado.

Realmente não é fácil. Se um dia contaram a você que o ministério é *glamour*, sinto dizer que isso não é verdade. A realidade é diferente do que muitos pensam. Os aeroportos são frios e solitários. Às vezes, você não consegue se alimentar bem ou dormir direito, e o corpo percebe. Já a alma muitas vezes se sente abatida e cansada. Assim eu estava naquele sofá. Depois de chorar, levantei o rosto e, ainda com a visão embaçada pelas lágrimas, olhei em volta tentando encontrar algum consolo, até que algo chamou minha atenção. Um objeto familiar. Um abajur igualzinho ao que ficava ao lado da minha cama na adolescência. Era exatamente o mesmo modelo: um que acendia com o toque e era feito de vidro. Ele estava no canto, como parte da decoração do ambiente, meio esquecido.

Na hora, ri comigo mesma: "Não é que estão tratando o abajur da minha adolescência como peça retrô agora?". Mas o que realmente me chamou atenção foi o estado em que ele se encontrava. O fio que o ligava à tomada estava todo enrolado, cuidadosamente preso, como se ninguém mais tivesse a intenção de usá-lo. Era apenas um enfeite agora.

Então, senti o Senhor falar em meu coração – não em um tom de repreensão, mas com autoridade e amor: "Você é como esse abajur. Ele não foi feito para ser apenas um objeto de decoração, admirado por fora, enquanto está desligado por dentro. Ele foi criado para iluminar. Da mesma forma, não preparei você durante tanto tempo para que o medo, a insegurança ou a vontade de voltar para casa a paralisassem. Chamei você para ser luz em um mundo assombrado pela escuridão. Portanto, tire o abajur da prateleira e o acenda. É exatamente isso que farei com você nos próximos anos".

Naquele instante, entendi que o Pai estava me chamando de volta para o centro da missão. Ele desejava que eu brilhasse com intensidade. Ali, compreendi que o chamado não tinha a ver com aparência ou a ilusão de estarmos bem o tempo todo, e sim com estarmos ligadas à fonte e permitirmos que a luz de Cristo ilumine o mundo através de nós, mesmo que o ambiente pareça hostil. Existe uma lamparina acesa dentro de mim e de você: a lamparina do testemunho.

Na parábola das dez virgens, contada por Jesus em Mateus 25.1-13, cinco eram prudentes, e cinco, imprudentes. O que diferenciava umas das outras não era a aparência nem o desejo de participar do casamento, era o azeite. As virgens prudentes levaram óleo suficiente para manter suas lamparinas acesas enquanto esperavam pelo noivo. Já as imprudentes não se prepararam de forma adequada. Como consequência, suas lamparinas se apagaram, e quando tentaram buscar mais azeite, já era tarde demais. Ao voltarem, elas se depararam com a porta fechada e, então, ouviram o noivo dizer: "Em verdade lhes digo que não as conheço".

Nessa parábola, Jesus nos alerta a ficarmos vigilantes. Vejo também outra verdade espiritual aqui. Acredito que a luz da lamparina possa representar o nosso interior. A chama acesa é um reflexo da nossa intimidade com o Pai, algo que não se mantém com fingimento ou religiosidade. Ela denuncia se há ou não verdade dentro de nós. Nesse contexto, o azeite representa o Espírito.

Quando há uma entrega sincera, a luz aparece. Ela não pode ser fabricada nem emprestada, como as virgens imprudentes tentaram fazer ao pedir azeite às outras. Cada uma de nós tem a responsabilidade de manter sua própria chama acesa diante de Deus.

Em Mateus 5.14-16, Jesus disse que somos a luz do mundo e que ninguém acende uma lamparina para colocar debaixo de um cesto. Ao contrário, ela é colocada em um local apropriado, onde possa iluminar a todos que estão ao redor. Essa afirmação nos mostra que a luz que carregamos não é para autopromoção, e sim para gerar impacto na vida das pessoas. Nosso testemunho aliado à ação do Espírito Santo tem poder de mudar cenários.

É impossível esconder uma candeia que brilha quando tudo em volta está escuro. Quanto mais densa for a escuridão, mais visível será a luz. Isso nos desafia a manter a nossa chama acesa, mesmo quando o mundo tenta apagar e nos empurrar para o silêncio, para a conformidade e indiferença. A luz que Cristo acendeu em nós não é decorativa, mas foi feita para brilhar onde não há referência, e isso só se concretiza quando nosso testemunho é genuíno e alimentado pela presença de Deus. Agora, talvez você possa se perguntar: por onde devo começar? A resposta é simples: lembrando que o lugar mais importante para brilharmos é dentro da nossa própria casa.

Não adianta querer impactar o mundo se quem convive conosco não vê luz alguma em nós. Certa vez, li um estudo que apontava a hipocrisia como o principal motivo para filhos se desviarem dos caminhos do Senhor. Ou seja, pais que parecem impecáveis e cheios da presença de Deus na igreja, mas, em casa, gritam, agem com indiferença, falta de respeito e até violência. Além de enfraquecer os laços familiares, isso corrói a fé. A incoerência tem o poder de desfigurar o que deveria refletir o amor de Deus. Isso é sério. Precisamos parar urgentemente de construir altares de contendas, vergonha e tudo o que contraria o espírito do Evangelho.

Temos de levantar o altar do testemunho. Em nossa casa, o Telmo e eu costumávamos contar para a Vitória e a Isabela histórias do nosso dia a dia, como quando não tínhamos condições de comprar um vestido ou momentos em que Deus proveu até uma barra de chocolate. Pode parecer insignificante, mas essas pequenas lembranças firmam raízes. A Vitória viu as raízes; a Isabela vê os frutos. Contudo, as duas estão conectadas à mesma árvore: a do testemunho. Nossa luz precisa brilhar dentro de casa. Se ela não for verdadeira ali, não será em outro lugar.

Talvez, depois de ler estas páginas, você pense: "Mas eu manchei meu testemunho. Errei, perdi o controle, fui dura com minha família, e agora me envergonho". Se esse é o seu sentimento, quero lhe dizer uma coisa: hoje o Senhor é capaz de entregar para você uma folha em branco. Ele é o único que pode apagar as marcas do que passou e lhe dar um novo começo. Onde havia vergonha, ele promete dupla honra (cf. Isaías 61.7). No entanto, não se esqueça: a restauração começa no coração, mas também se manifesta nas atitudes. Se você desonrou em público, honre publicamente. Se feriu, peça perdão. Se mentiu, diga a verdade. O altar do testemunho precisa ser restaurado.

Deus está em busca de mulheres verdadeiras, que não escondem suas fraquezas, mas também não se rendem a elas. Mulheres que estão interessadas em obedecer, em vez de impressionar; aquelas que entenderam que autoridade espiritual não vem de títulos, e sim do testemunho. Hoje, mais uma vez, somos chamadas para o treinamento no *secreto*; somos preparadas à mesa, moldadas na maternidade, refinadas nos corredores da rotina comum. Entre expectativas alheias e os desafios de permanecer fiel à voz do amado, precisamos aprender a andar acima do julgamento e a derramar, sem reservas, o perfume da adoração.

Somos convidadas a amar o *esconderijo*, enfrentar nossos inimigos interiores e, no tempo certo, sermos enviadas – não pela nossa força própria, mas por estarmos cheias do Espírito. Portanto, mulher, acenda a sua candeia. Permita que ela brilhe, primeiro, dentro da sua casa e, então, que essa luz vá além das quatro paredes do seu lar e alcance cada ambiente por onde você passar.

Porém, enquanto faz tudo isso, não esqueça de sempre voltar ao lugar de intimidade com o Pai. É ali, no *secreto*, que o azeite é renovado e a chama reacende. No fim, pouco a pouco, você compreenderá que a lamparina acesa é mais do que uma metáfora bonita, ela é a prova de que ansiamos pelo Noivo e pertencemos a ele. Que seu *secreto* seja um altar. Que seu cotidiano seja a sua missão. Que sua vida carregue o perfume de quem já esteve com ele.

"HOJE, MAIS UMA
VEZ, SOMOS
CHAMADAS PARA O
TREINAMENTO NO
*SECRETO*; SOMOS
PREPARADAS À
MESA, MOLDADAS
NA MATERNIDADE,
REFINADAS NOS
CORREDORES
DA ROTINA COMUM."

# CAPÍTULO 10

# Este capítulo é seu

"ESCREVA PARA
QUE AS PRÓXIMAS
GERAÇÕES TENHAM
ACESSO AO QUE
DEUS LHE REVELOU
NO *SECRETO* E PARA
QUE OUTRAS VIDAS
SEJAM EDIFICADAS
POR MEIO DAQUILO
QUE VOCÊ VIVEU
COM ELE."

*Escreva!* Esse conselho tem sido recorrente nas minhas conversas com algumas mulheres. De fato, registrar nossas experiências nos permite deixar um legado. Por isso, digo a você também: escreva – para que as próximas gerações tenham acesso ao que Deus lhe revelou no *secreto* e para que outras vidas sejam edificadas por meio daquilo que você viveu com ele. Escreva sem medo, sem reservas.

Ao decidir refugiar-se no *secreto* com o Pai, certamente você experimentará muitas e novas histórias. As linhas a seguir serão o seu capítulo de *Atos 29,* um espaço para registrar os momentos em que o Senhor falou ao seu coração. Quando foi que ele a fortaleceu, corrigiu, curou ou enviou?

Nenhuma dessas experiências é pequena; todas são sementes eternas plantadas no solo fértil da intimidade com Deus. Ao escrever, você perceberá o quanto já caminhou e como o Espírito Santo tem moldado sua vida dia após dia. Sua história importa – ela também faz parte da linda continuidade do que Deus está fazendo no mundo por meio das *mulheres do secreto*, como você.

Às alunas do Casa de Isabel: mulheres treinadas para este tempo. Obrigada! Vocês fazem parte deste livro. Vejo essa *mulher do secreto* em vocês!

Esta obra foi composta em *Richmond*
e impressa por Gráfica Ipsis sobre papel
*Pólen Natural* 70 g/m² para Editora Vida.